Simplicidade Elegante

A publicação desta obra recebeu apoio da Escola Schumacher Brasil e da Chie.

Satish Kumar

Simplicidade Elegante

A ARTE DE VIVER BEM EM NOSSO PRECIOSO PLANETA

Tradução
Denise Sanematsu Kato

Palas Athena

Título original: *Elegant simplicity – the art of living well*
Copyright © Satish Kumar 2019

Grafia segundo o Acordo Ortográfico da Língua Portuguesa de 1990, que entrou em vigor no Brasil em 2009.

Coordenação editorial: Lia Diskin
Revisão de texto: Lidia La Marck
Revisão de provas: Rejane Moura
Capa, Projeto gráfico, Diagramação e Produção: Jonas Gonçalves

Dados Internacionais de Catalogação na Publicação (CIP)
(Câmara Brasileira do Livro, SP, Brasil)

Kumar, Satish
   Simplicidade Elegante : a arte de viver bem em nosso precioso planeta / Satish Kumar ; tradução Denise Kato. – 1. ed. – São Paulo : Palas Athena Editora, 2020.

Título original: Elegant simplicity : the art of living well
ISBN 978-65-86864-01-4

   1. Conduta de vida 2. Desenvolvimento pessoal 3. Espiritualidade – Filosofia 4. Estilo de vida 5. Evolução espiritual 6. Ioga – Filosofia 7. Simplicidade I. Título.

20-35396   CDD-291.4

Índices para catálogo sistemático:
1. Simplicidade : Conduta de vida : Evolução espiritual 291.4

Maria Alice Ferreira - Bibliotecária - CRB-8/7964

2ª edição, fevereiro de 2024

Todos os direitos reservados e protegidos pela
Lei 9.610 de 19 de fevereiro de 1998.
É proibida a reprodução total ou parcial, por quaisquer meios,
sem a autorização prévia, por escrito, da Editora.

Direitos adquiridos para a língua portuguesa no Brasil por
Palas Athena Editora
Alameda Lorena, 355 – Jardim Paulista
01424-001 São Paulo, SP Brasil
Fone (11) 3050-6188
www.palasathena.org.br
editora@palasathena.org.br

Um manifesto maravilhoso para uma vida bem vivida... assim como o autor, este livro é sábio, caloroso e simplesmente elegante.

David Orr, Professor Emérito Paul Sears de Estudos e Políticas Ambientais, Oberlin College

O livro Simplicidade Elegante, *de Satish Kumar, é a essência de suas ideias e ações ao longo da vida. Revela as conexões íntimas entre mundo interno e externo, solo, alma e sociedade, beleza, alegria e não violência. Sinaliza que as soluções para os grandes problemas de nossa era – mudança climática, ódio e violência, desesperança e desespero – consistem em pensar e viver com simplicidade elegante, reduzindo nossa pegada ecológica, ao mesmo tempo em que expandimos o coração e a mente.*

Vandana Shiva, ativista e autora de *Earth Democracy* e *Who Really Feeds the World*

Satish Kumar personifica a elegância da simplicidade em sua vida e em seus ensinamentos. Ele me ensinou a solucionar problemas complexos com sabedoria e criatividade. Siga o caminho dele e sua vida será simples, elegante e inspiradora.

Deepak Chopra

Uma explicação inspiradora sobre os frutos da simplicidade e o que é necessário para viver com simplicidade, por um escritor que sabe o que é levar uma vida simples a partir da experiência pessoal.

Mark Tully, ex-chefe da Agência da BBC em Nova Délhi, jornalista e autor de *No Full Stops in India*

Em Simplicidade Elegante, *Satish Kumar compartilha insights extraordinários de sua vida incrível de ativismo espiritual, educação e vivência prática. Um guia profundo e acessível para uma civilização de paz ecológica, suficiência material e abundância espiritual para todos. Leitura obrigatória a quem busca uma alternativa à economia que atualmente nos conduz à autoextinção.*

David Korten, autor de *Quando as corporações regem o mundo*, *A grande virada* e *Mude suas convicções para mudar o futuro.*

Ninguém neste planeta tem mais preparo para lidar com este projeto do que Satish Kumar – seus insights o farão pensar e repensar em como você tem vivido e em como poderia mudar. Poderoso!

Bill McKibben, autor de *Falter: Has the Human Game Begun to Play Itself Out?*

Meus pais se casaram durante a Grande Depressão e isso modelou os valores que transmitiram para mim: "Viva dentro de suas possibilidades"; "Guarde um pouco para amanhã"; "Compartilhe, não seja ganancioso"; e "Trabalhe arduamente para suprir as necessidades básicas, mas o dinheiro não o tornará uma pessoa melhor nem mais importante". Essas lições de vida foram deixadas de lado à medida que a América do pós-guerra elegeu o consumo como caminho para a recuperação econômica. Quando a economia torna-se a meta da sociedade (em vez de ser apenas um meio para atingir um fim), Donald Trump é a consequência final. Neste livro comovente e eloquente, Satish Kumar nos conduz em sua própria jornada para uma vida mais simples, mais feliz, com baixa pegada ecológica. Em tempos de consumismo exagerado, solidão e alienação, a mensagem de Kumar é um presente edificante, um antídoto bem-vindo.

David Suzuki, geneticista premiado, autor, radialista e ativista ambiental

Ler os livros de Satish Kumar é sempre inspirador! Em Simplicidade Elegante, *ele extrai a essência de uma vida de comprometimento com a ação positiva e com a experiência, transformando-a em um amor profundo pela família humana e por toda a vida neste belo planeta ameaçado de extinção. Honra-nos intensamente reconhecer a abundância que podemos criar quando confiamos e cuidamos de todos em nossa biosfera, quando praticamos o perdão e desfrutamos de todos os simples prazeres da vida diária. Muito além de todas as seitas e ideologias, este livro é uma bênção!*

Hazel Henderson, autora de *Creating Alternative Futures,* fundadora e CEO da Ethical Markets Media

Por tecer histórias vívidas e ensinamentos de sabedoria lúcida, com delicadeza mas com objetividade, este livro é uma personificação magnífica de seu título.

Charles Eisenstein, autor de *Climate: A New Story* e O mundo mais bonito que nossos corações sabem ser possível.

*Na habitação, viva próximo ao solo.
No pensamento, atenha-se ao simples.
No conflito, seja justo e generoso.
No governo, não tente controlar.
No trabalho, faça o que aprecia.
Na família, esteja completamente presente.*

Lao Tsé

Sumário

Gratidão e agradecimentos. *13*
Prefácio de Fritjof Capra. *15*
Introdução: Sejamos simples. *25*

1. Minha vida: como tudo começou. *31*
2. A simplicidade do caminhar. *45*
3. A vida é uma peregrinação. *69*
4. Simplicidade elegante. *77*
5. Uma sociedade de artistas. *91*
6. Yoga da ação. *103*
7. Aprendendo e vivendo. *115*
8. Relacionamentos corretos: estamos todos conectados. *137*
9. Amor sem limites. *149*
10. O poder do perdão. *163*
11. A dança dos opostos. *183*
12. Ver profundamente. *195*
13. A união entre ciência e espiritualidade. *207*
14. Solo, alma e sociedade. *215*

Sobre o autor. *231*

Gratidão e agradecimentos

Este livro não teria se materializado sem a ajuda de tantos amigos e colaboradores. Em primeiro lugar, gostaria de expressar minha profunda gratidão à June, minha esposa e companheira de vida há 45 anos. Durante vários meses, com grande paciência e zelo, editou e corrigiu meus manuscritos. Muitos dos pensamentos e temas aqui presentes surgiram de nossas conversas ao longo dos anos. Obrigado, June.

Trata-se de um verdadeiro encontro de família: minha filha, Maya, também dedicou uma quantidade enorme de tempo e esforço na leitura, edição e aprimoramento prático e filosófico desta obra. Obrigado, Maya.

Contei com a ajuda inestimável da colega Lynn Batten, do Resurgence Trust, que corrigiu e aperfeiçoou este material inúmeras vezes, com precisão cirúrgica. Obrigado, Lynn.

Minha gratidão à Elaine Green pelo apoio gracioso e hábil no decorrer dos anos. Sua ajuda constante e sistemática foi inestimável. Obrigado, Elaine.

Meu colega do Schumacher College, William Thomas, pela ajuda e atenção ao gravar meus "*fireside chats*". Algumas dessas conversas foram aqui utilizadas. Alguns desses diálogos informais também foram transcritos por Lee Cooper, que encontrou tempo para se dedicar a este projeto, apesar de sua agenda lotada de ensaios e tantos outros compromissos. Obrigado, William e Lee.

Estou totalmente em dívida com Monica Perdoni, cujas recomendações meticulosas e insights profundos contribuíram muito para a formação desta obra. Obrigado, Monica.

E por último – mas não menos importante –, foi um imenso prazer trabalhar com a New Society Publishers. Obrigado, Rob West e toda sua equipe, por lidarem com todas as questões referentes a este livro com agilidade e eficiência.

Satish Kumar

Prefácio de Fritjof Capra

A vida de Satish Kumar é extraordinária. Nasceu em uma pequena cidade do Rajastão, Índia, e deixou a casa dos pais com apenas 9 anos para se unir aos monges andarilhos jainistas. Arrasado com a morte repentina do pai, a motivação surgiu, segundo ele, ao encontrar um monge jainista que, tendo renunciado ao mundo e seguido o caminho dos monges, lhe disse que poderia se libertar da morte e atingir o Nirvana.

Nos nove anos seguintes, o jovem Satish levou a vida rigorosa de um monge jainista, caminhando diariamente, sem se banhar, jejuando com frequência e meditando muitas horas todos os dias. Foi então que, aos 18 anos, leu secretamente num livro de Mahatma Gandhi que a espiritualidade poderia ser praticada servindo ao mundo, e não o renunciando. Satish ficou tão inspirado por esse ensinamento que abandonou a ordem jainista para viver no *ashram* gandhiano de Vinoba Bhave, amigo íntimo de Gandhi.

Com Vinoba, Satish caminhou centenas de quilômetros em campanha pela reforma agrária na Índia. "Como monge", escreve Satish, "aprendi as artes de caminhar, jejuar, pensar e meditar. No *ashram* em Bodhgaya, aprendi as artes do fazer – cozinhar, cuidar do jardim e fiar algodão para produzir minhas próprias roupas. Com Vinoba aprendi a meditar, e com um amigo parti em uma peregrinação pela paz, inspirado pelo filósofo e pacifista britânico Bertrand Russell". Partindo do túmulo de Gandhi em Nova Délhi, ele e um monge companheiro caminharam até Moscou, Paris, Londres e Washington – capitais dos quatro países com bombas nucleares. Sem dinheiro no bolso e dependendo da bondade e hospitalidade de estranhos, permaneceram na estrada por mais de dois anos, caminhando quase 13.000 quilômetros.

Em 1973, Satish Kumar (como é chamado pelos amigos e discípulos em todo o mundo) mudou-se para o Reino Unido, onde assumiu o cargo de editor da revista *Resurgence*. Nessa função, publicou uma série de artigos de E. F. Schumacher, renomado autor de *O Negócio é ser Pequeno* e, com o passar dos anos, transformou a *Resurgence* em uma das revistas mais belas e importantes sobre ecologia. Na mesma época, Satish (como é chamado pelos amigos e discípulos em todo o mundo) inspirou, criou e dirigiu uma série de projetos voltados à ecologia, obtendo tremendo sucesso em todos. Entre eles estão: The Small School [A Pequena Escola] para a comunidade de Hartland, em North Devon, onde reside; a série anual de Schumacher Lectures; e o Schumacher College, célebre centro de estudos ecológicos em South Devon.

Tenho o privilégio de ser amigo e colega de Satish há mais de 30 anos e sempre me perguntei qual seria o segredo de seu sucesso em tantos empreendimentos. Acho que ele nos oferece a resposta neste livro. *Simplicidade Elegante* é sua meditação sobre a natureza da espiritualidade pela lente da simplicidade e com base nas ricas experiências de toda uma vida como monge, ativista gandhiano, ecofilósofo, educador e mestre espiritual.

Em linguagem bela, eloquente e apaixonada, tão característica de sua fala e escrita, Satish tece os vários fios que compõem uma vida espiritual de simplicidade interna e externa. Para Satish, simplicidade – assim como a não violência para Gandhi – não significa inação. "Viver com simplicidade requer habilidade", explica. Também não significa abrir mão do conforto: "Viver com simplicidade, sem excessos, não significa prescindir de uma vida confortável. Existe uma elegância inata em minimizar os bens e maximizar o conforto. O excesso gera caos, a simplicidade traz clareza".

Ele destaca que o excesso gera caos não apenas em nossa vida pessoal, mas no mundo como um todo: "Uma vida de opulência gera desperdício, poluição e pobreza". Desta forma, a simplicidade torna-se uma declaração de justiça social. Ao citar Gandhi, Satish nos conclama a "viver com simplicidade para que os outros possam simplesmente viver". Para atingirmos um estado de simplicidade elegante, nos aconselha a cultivar a simplicidade do espírito, a simplicidade da mente. Segundo ele, "a simplicidade do pensamento e da mente reduzirá o desejo por bens materiais". E conclui dizendo: "Pode parecer paradoxal, mas a dádiva da simplicidade é a dádiva da abundância".

Essas passagens refletem fortemente a prática budista de mindfulness; e, de fato, Satish afirma de maneira explícita: "Simplicidade é um modo de vida em atenção plena". Também notei uma influência taoista algumas páginas adiante ao ler: "Simplicidade é fluir pela vida do mesmo modo que um rio flui por uma paisagem".

Nos capítulos posteriores, Satish elabora esses pensamentos ao discutir vários aspectos de uma vida espiritual que incorpora a simplicidade elegante. Para começar, destaca que o movimento em direção à simplicidade requer uma mudança do foco na quantidade de bens materiais para a ênfase na qualidade de vida; uma mudança da felicidade superficial encontrada na aquisição de objetos materiais para a verdadeira plenitude inerente aos relacionamentos humanos e às relações com a Natureza. Já argumentei em outra ocasião que tal mudança de quantidade para qualidade será essencial ao desenvolvimento de uma economia ecologicamente sustentável e socialmente justa na esfera social e, portanto, não me surpreendi ao ler a seguinte afirmação de Satish: "O caminho para a sustentabilidade é a simplicidade".

A questão surge naturalmente: Como chegar lá? Como atingir a meta da simplicidade elegante? Satish responde que não há uma fórmula ou técnica para a simplicidade. "Dia após dia", nos aconselha, "foque na simplicidade da mente, do pensar, falar, sentir, da ação, alimento, roupas, casa, intenção e relacionamentos". "É o processo de toda uma vida, sem destino final", enfatiza. E, sem nos surpreender, conclui: "Estamos em uma jornada, uma peregrinação [...] Para mim, a simplicidade elegante tem suas raízes na ideia de peregrinação. Ser peregrino é cultivar tanto a simplicidade externa quanto a simplicidade interna".

Por meio desse insight, Satish nos oferece algumas reflexões profundas sobre a natureza da peregrinação, baseadas em sua grande experiência: "Durante uma peregrinação, há muito pouco planejamento. Não ser inflexível nem dogmático com os planos tem sua própria magia, sua própria energia. Quando deixamos que as coisas aconteçam, milagres podem ocorrer".

Em nível mais profundo, Satish continua: "O verdadeiro significado da peregrinação é viver livre de qualquer apego, hábito, preconceito". Assim, para Satish "a peregrinação é tanto uma metáfora como uma realidade literal. Ser peregrino é viver com poucos bens e com simplicidade em todas as circunstâncias, abraçando tanto os prazeres como as dificuldades que se apresentam. Fiz muitas peregrinações a lugares santos e santuários sagrados de importância religiosa e natural, mas a verdade mais profunda é que a própria vida é uma peregrinação".

Satish também associa seu entendimento de peregrinação com o conceito hinduísta de *karma yoga*, a própria essência do principal texto religioso da Índia, a *Bhagavad Gita*. Segundo ele, a filosofia do *karma yoga* orienta-nos a agir sem desejar o fruto de nossa ação. "A vida é uma jornada eterna – sem meta, sem destino. Portanto, não devemos focar no resultado da nossa ação; devemos focar na própria ação."

De acordo com Satish, um ingrediente essencial da simplicidade elegante é a arte de fazer as coisas com as próprias mãos. "Na minha visão de mundo", explica, "uma vida de simplicidade elegante se construiria no sólido alicerce das artes e dos trabalhos manuais. Precisamos nos distanciar da automação, do industrialismo e de sistemas robóticos. Precisamos abraçar a ideia do fazer em atenção plena".

Para Satish, ser artista é ser artesão. "A arte não é uma profissão. É um meio de subsistência correto, no qual profissão e vocação se fundem." Satish enfatiza que "nas culturas nativas, a arte não é hobby nem luxo, mas um ingrediente essencial da vida diária e do próprio ser". Ele prevê uma sociedade de cooperativas na qual "colaboradores e consumidores serão transformados em artesãos e artistas". E conclui dizendo que "o trabalho manual em atenção plena é como uma meditação. Nas artes manuais, a mente precisa estar por inteiro presente no momento da execução".

Essa visão de artistas e artesãos foi a inspiração para formar a Small School, uma escola de educação secundária criada por Satish na comunidade local de Devon. Ele descreve o currículo da escola da seguinte maneira: "Decidimos que não ensinaremos somente Shakespeare, Darwin, Newton e Galileu; ensinaremos culinária, jardinagem, construção, costura, conserto de roupas, marcenaria, fotografia e música, além de matemática, ciências e inglês. Esse era nosso currículo. Nossa escola não seria uma fábrica de exames; seria um lugar voltado à descoberta de si mesmo".

Alguns anos depois, Satish levou para o ensino superior essa ideia profunda de uma escola como local de autodescoberta, com a criação do Schumacher College. Tenho a sorte de lecionar lá há mais de 20 anos e conheço a escola muito bem. O Schumacher College é uma instituição de aprendizado singular. Não é uma faculdade tradicional com corpo docente e discente bem definidos; ao contrário da maioria das faculdades e universidades, não foi fundada por agências governamentais, nem por pessoas físicas ou fundações associadas a empresas. O Schumacher College foi concebido a partir da sociedade civil global que surgiu nos anos 90. Assim, desde o início, seu quadro de professores é parte de uma rede internacional de eruditos e ativistas, uma rede de amigos e colegas que Satish desenvolveu e nutriu como editor da revista *Resurgence*.

Antes da fundação do Schumacher College, em 1991, não havia um centro de aprendizado onde a ecologia pudesse ser estudada com rigor, profundidade e de muitas perspectivas diferentes. Nos anos seguintes, o cenário mudou de modo significativo com a formação de uma aliança global de ONGs. Essa sociedade civil global desenvolveu uma rede de estudiosos, institutos de pesquisa, *think tanks* e centros de aprendizado que atuam, em grande parte, fora das principais instituições acadêmicas, organizações comerciais e agências governamentais. Hoje, há dezenas de instituições semelhantes de pesquisa e aprendizado em todas as partes do mundo. O Schumacher College foi um dos primeiros na categoria e permanece um protagonista.

Desde o início, Satish tinha a visão de que o College não representaria uma óptica eurocêntrica, mas daria voz a uma ampla gama de opiniões, tornando-se internacional.

Quando norte-americanos e europeus discutem ciência, tecnologia e filosofia aqui, também são acompanhados por vozes da África, Índia, Japão e de outras partes do mundo.

A mesma diversidade étnica, cultural e intelectual existe entre os estudantes. Não é raro termos 24 participantes do curso (o limite estabelecido) de dez ou mais países diversos. De modo geral, possuem alto nível educacional. São profissionais de várias áreas; alguns são jovens estudantes, mas há também pessoas mais velhas; desta forma, contribuem para as discussões a partir de uma série de perspectivas diferentes.

Outra característica fundamental do Schumacher College é o forte sentido de comunidade gerado por ele. Os participantes passam várias semanas aqui convivendo, aprendendo juntos e trabalhando juntos para sustentar a comunidade de aprendizado. Dividem-se em grupos de trabalho que cozinham, limpam, cuidam do jardim, fazendo todo o trabalho necessário para conservar o College e pôr em prática a visão de Satish: "A educação com mãos, corações e cabeças".

Nesses grupos, as conversas prosseguem praticamente 24 horas por dia. Enquanto cortam legumes na cozinha, as pessoas conversam; enquanto limpam o chão ou organizam as cadeiras para um evento especial, conversam. Todos aqui estão imersos em uma experiência contínua de comunidade e em diálogos e discussões intelectuais empolgantes.

Tudo isso estimula uma criatividade fenomenal. No Schumacher College, muitas coisas são criadas coletivamente – das refeições na cozinha às ideias em sala de aula. A criatividade floresce graças à confiança total no grupo. Os professores do College sentem-se quase como se estivessem em família e esse forte sentimento de comunidade surge em menos de uma ou duas semanas de convivência. Para a maioria dos estudiosos isso é muitíssimo atraente, pois oferece uma oportunidade única de examinar a fundo nosso trabalho e experimentar novas ideias em um ambiente seguro. Desta forma, o Schumacher College não é apenas um local singular, onde os participantes do curso podem aprender, mas um espaço onde os membros docentes podem envolver-se profundamente, por um período relativamente longo, com uma turma de alunos bastante motivados e de elevado nível educacional, na busca por um processo sustentável de autoexploração.

Nas décadas em que Satish ocupou o cargo de diretor dos programas do College, foi o coração e a alma da comunidade Schumacher. Cozinhava com os participantes do curso, conduzia meditações matinais, dava cursos e compartilhava sua sabedoria em uma série de "*fireside chats*", que ocorriam amiúde. O Schumacher College é a expressão viva da visão de uma comunidade na qual o aprendizado está integrado ao fazer consciente, à meditação e à simplicidade elegante.

Para Satish, uma educação profunda nos ajuda a superar o conceito de um eu desconectado e promove a consciência e a prática dos relacionamentos corretos. Segundo ele, "o treinamento na simplicidade elegante deve estar enraizado no solo das relações corretas". Isso é totalmente compatível com a quebra de paradigma que vivenciamos agora na ciência e na sociedade – uma mudança na qual deixamos de ver o mundo como uma máquina para compreendê-lo como uma rede, passando de quantidade para qualidade, de produtos para relações. Satish caracteriza tal mudança de *ego* para *eco*. Afirma que, "se não quisermos complicar a vida, precisaremos então mudar do ego para eco. O ego separa, e o eco conecta. O ego complica, o eco simplifica. *Eco* significa 'casa', lugar onde as relações são nutridas".

No último capítulo do livro, Satish resume sua mensagem dizendo que precisamos prestar atenção a três áreas da existência: solo, alma e sociedade. Para mim, essas áreas correspondem às dimensões ecológica, cognitiva e social da vida. Segundo ele: "Solo é uma metáfora para todas as relações ambientais e naturais. Tudo vem do solo. As florestas, os alimentos, as casas, as roupas vêm do solo aqui. Nossos corpos vêm do solo e retornam para o solo. O solo é a fonte da vida".

Precisamos valorizar e reabastecer o solo, Satish nos relembra. E prossegue: "Da mesma maneira, precisamos reabastecer nossa alma [...] devemos encontrar formas de reabastecer e curar a alma, a psique [...] A meditação é uma técnica para isso [...] Na meditação, o mundo externo e o interno se encontram, o solo e a alma se unem". E, por último: "O bem-estar do solo e da alma deve se expandir para o bem-estar da sociedade. Isso só será possível quando organizarmos nossa sociedade nos princípios da dignidade humana, igualdade e justiça social".

Para algumas pessoas, a visão grandiosa de Satish pode parecer idealista em excesso. Ele está bem ciente disso e tem uma resposta poderosa: "Você pode me considerar idealista. Sim, sou idealista.

Porém pergunto-lhe: quais as conquistas dos realistas? Guerras? Pobreza? Mudança climática? Os realistas governaram o mundo por tempo demais [...] Vamos dar uma chance aos idealistas".

A simplicidade elegante descrita e defendida por Satish também está refletida em sua linguagem. Suas metáforas são simples mas poderosas, e ele sempre fala a partir do coração. A leitura deste texto é quase uma prática meditativa. Ao mergulhar nele, experimentei grande calma e serenidade. Ao longo de todos esses anos de convivência com Satish, sempre me senti bem em sua presença e tive a mesma sensação de bem-estar ao ler este livro maravilhoso.

Fritjof Capra

Introdução: Sejamos simples

*"É a dádiva de ser simples,
É a dádiva de ser livre..."*

É assim que começa uma canção shaker* composta em 1848 por Elder Joseph Brackett. Os shakers são o exemplo supremo da simplicidade elegante, a personificação da beleza na simplicidade, para quem o minimalismo é um modo de vida. Eles têm sido minha inspiração há muito tempo.

Em minha vida pessoal, as sementes da simplicidade foram plantadas ao me tornar monge jainista aos 9 anos. De certa forma, o modo de vida dos shakers é semelhante ao jainismo, no qual possuir somente o mínimo de bens materiais é um pré-requisito para a vida espiritual máxima. Quanto mais tempo você passa cuidando de bens mundanos, menos tempo terá para meditar, para estudar as escrituras, para recitar cânticos e mantras sagrados. Este foi o ensinamento do meu guru jainista.

Aos 18 anos deparei-me com os escritos de Mahatma Gandhi, outro grande defensor da simplicidade, assim como os shakers e jainistas. "Vida simples e pensamento elevado" era seu lema. Morava em uma cabana simples, construída por ele mesmo, e fiava o

---

* Seita milenarista cristã fundada na Inglaterra no século XVIII, proveniente dos quakers. [N. da R.]

algodão para sua tanga e xale. Plantava hortaliças e cozinhava sua própria comida enquanto liderava o Movimento de Independência da Índia e editava uma publicação semanal. Dessa maneira, provava que era possível satisfazer nossas necessidades físicas com uma vida simples e, ao mesmo tempo, ser ativo nas esferas social, política e intelectual.

Para Gandhi, simplicidade também é uma declaração de justiça social. Ele concordava com o ideal de que devemos "viver com simplicidade para que os outros possam simplesmente viver". Um estilo de vida aquisitivo e consumista requer a exploração dos fracos e da Natureza. Como consumidores, esbanjamos recursos e desperdiçamos tempo e esforço em busca de coisas de que não precisamos. Colocamos a ganância acima da necessidade, o glamour acima da graça, e a exploração acima da preservação. Uma vida de opulência gera desperdício, poluição e pobreza.

Minha vida – tanto como monge jainista como no *ashram* gandhiano – era de simplicidade total. Assim, o ideal de uma vida simples tornou-se algo natural para mim.

Em 1962, aos 26 anos, decidi fazer uma peregrinação pela paz. Queria falar com o povo e com os políticos dos quatro países detentores de armas nucleares. Disse a mim mesmo: "O que pode ser mais complicado, idiota e cruel que a invenção e a posse de tais armas de destruição em massa?". Decidi que o antídoto para o armamento mais complexo seria uma peregrinação de protesto com os métodos mais simples: uma caminhada até as capitais nucleares do mundo.

Assim, caminhei do túmulo de Mahatma Gandhi, em Nova Délhi, até Moscou, Paris, Londres e Washington. Foi uma peregrinação de 12.875 quilômetros. Para tornar a jornada ainda mais simples, caminhei (com meu amigo E. P. Menon) sem um centavo no bolso.

Sem dinheiro, sem alimento e descalço. Ficamos na estrada por aproximadamente oitocentos dias. Foram os melhores oitocentos dias da minha vida, os mais simples, e mudaram toda minha visão da existência.

Convenci-me totalmente de que para levar uma vida boa, imaginativa e inspiradora precisamos de pouquíssimos bens materiais industrializados. Podemos viver do Sol, solo e água, que são todos dádivas do universo benevolente. Podemos viver da mutualidade e reciprocidade, ambos dons da humanidade. Podemos viver com nossas mãos, pernas e nosso trabalho, e nenhum deles precisa ser comprado no supermercado ou numa loja de departamentos.

Viver do amor e da generosidade gera amor e generosidade. Viver com simplicidade é viver em liberdade e confiar que "tudo ficará bem e todas as coisas ficarão bem", segundo Santa Juliana de Norwich. A simplicidade nos aproxima da verdade sublime, da bondade sustentada, da beleza sutil.

Viver com simplicidade não é sinônimo de preguiça nem de inação. Na realidade, é o estilo de vida consumista que nos torna preguiçosos, menos habilidosos ou inativos. Tornamo-nos dependentes da mecanização, da industrialização e da produção em massa. O ideal de simplicidade elegante está conectado com as artes e os ofícios, com o processo manual e com a arte de viver bem com menos. A simplicidade foca na qualidade de vida, não na quantidade de bens materiais. *Ser* em vez de *ter*, como disse Erich Fromm.

Ao levar uma vida de simplicidade, celebro o valor intrínseco daquilo que faço e deixo de me concentrar nos resultados ou desfechos, conquistas ou realizações. Por meio das artes e ofícios posso entrar em contato com minhas necessidades, sem tornar-me vítima de minha ganância. Sendo artesão, criador e produtor, posso ir ao encontro de uma sensação de alegria, realização e prazer.

A vida simples é sua própria recompensa. É também um modo de vida habilidoso – além de aprendermos a usar a cabeça e as mãos, descobrimos como cultivar as qualidades do amor e perdão no coração, e compreendemos a união de toda a existência. De acordo com Lao Tsé, "simplicidade, paciência e compaixão são nossos maiores tesouros". A simplicidade não termina ao reduzirmos nossos bens materiais ao mínimo. Também precisamos cultivar a simplicidade do espírito. É mais fácil abrir mão de nossa bagunça material que eliminar nossa bagagem psicológica. Orgulho, ego, medo e raiva abarrotam a alma e a mente, da mesma maneira que pilhas de roupas, móveis e outros itens pessoais entulham a casa. Portanto, as visões shakeriana, jainista e gandhiana da simplicidade são muito mais profundas e penetrantes do que apenas nos livrar de bens materiais e reduzir o espaço por eles ocupado.

Este livro apresenta um ideal abrangente e amplo da simplicidade. Aqui estou explorando o ideal da simplicidade elegante tanto em nível metafísico como físico. A simplicidade do ser é tão essencial quanto a simplicidade do viver. É por essa razão que incluí capítulos sobre relacionamento correto e amor sem limites. Relações diretas e autênticas enraizadas no verdadeiro amor eliminam confusão e conflito entre familiares, amigos e vizinhos. Caso nos envolvamos em situações de ódio e dor, será mais fácil perdoar e esquecer do que carregar o fardo do ressentimento e da vingança.

Complicamos a vida ao sermos capturados pela dualidade do bem e do mal, dor e prazer, perda e ganho. O jeito mais simples de viver é cultivando a equanimidade no coração e entrando na dança dos opostos. Assim, conseguiremos navegar pela depressão e pelo desespero da mesma maneira com que lidamos com o deleite e o prazer.

A simplicidade elegante é um caminho espiritual e um modo prático de vida. É o prenúncio da harmonia e o sustentáculo da malha social. A simplicidade elegante preserva os habitats naturais e protege culturas e comunidades. A simplicidade elegante é tão boa para a paisagem externa da ecosfera como para o cenário interno da alma.

O caminho para a sustentabilidade é a simplicidade. Nenhuma quantidade de inovação tecnológica será suficiente. Temos de simplificar nossas casas, locais de trabalho e nossa vida. Este é o caminho para criar um mundo sustentável – agora e sempre.

A simplicidade também é um caminho para a espiritualidade. Não importa quantos templos, igrejas, mesquitas ou livros sagrados existam; nada disso ajudará, a menos que pensemos com simplicidade e nos libertemos das cargas de medo, raiva, ego e ganância. Com simplicidade externa e interna, poderemos levar uma vida de estabilidade ambiental, realização espiritual e justiça social. A simplicidade elegante é tanto uma visão de mundo como um estilo de vida.

Esse é o conteúdo deste livro.

Satish Kumar
Hartland, Devon

1.
Minha vida: como tudo começou

A felicidade humana está no contentamento.

Mahatma Gandhi

Nos desertos do Rajastão, na Índia, em uma casa ao pé de uma ameixeira, nasci no dia 9 de agosto de 1936. Não havia eletricidade, rádio, TV, telefone, carro nem computadores. Entretanto, havia camelos e vacas, campos e fazendas, canções e histórias, artes e artesanato, uma abundância de danças e músicas. Cresci sob os cuidados de minha bondosa mãe. Meu pai morreu quando eu tinha 4 anos. Minha mãe, tomada pela dor, encontrou uma fonte de consolo em mim, segundo ela. Mas apesar de todo o amor e zelo com que me criou, não conseguia esconder seu desconsolo; nem de mim, nem de mais ninguém.

Meu pai teve um ataque cardíaco e faleceu aos 50 anos, e coube à minha mãe (dez anos mais jovem que ele) cuidar de mim e de meus sete irmãos e irmãs. Apesar dos olhos quase sempre cobertos de lágrimas, cuidou de nós com uma coragem extraordinária. Mas, mesmo assim, embora eu fosse apenas uma criança pequena, não pude deixar de testemunhar sua dor, sua perda e sua solidão.

À medida que o tempo passava, comecei a notar uma mudança. Minha mãe começou a praticar meditação. Eu a ouvia recitar mantras sobre equanimidade; aceitação da dor e do prazer; ganhos e perdas; nascimento e morte como realidade existencial. Ao meditar, a sombra negra do pesar se esvaía do rosto e uma forte atmosfera de resiliência emanava de todo seu corpo. Essas meditações a levavam a um estado mais profundo de ser. Em vez de lágrimas nos olhos, o que via era uma clareza graciosa irradiando deles.

Ela me levava para nosso pequeno sítio e caminhávamos e conversávamos sobre árvores, abelhas e borboletas. Falava sobre o poder de cura da Natureza e da Natureza como nossa mestra. Lembro-me daquelas caminhadas maravilhosas, repletas de diversão e fascínio. Ela contava histórias e cantava melodias.

Adorava seu jeito de andar, falar e rir. Adorava sua capacidade de lembrar aquelas longas histórias maravilhosas que capturavam minha atenção. Eu sempre queria caminhar com minha mãe até o sítio. Era feliz só de pensar que ela era minha mãe, com todo seu conhecimento e memória. Eu tinha muita sorte por ter uma mãe assim; era minha mentora, minha mestra, meu guru e minha heroína. Era a própria simplicidade elegante.

Quando olho para trás e reflito, surpreendo-me ao me lembrar de sua vida transformada de um estado de perda e solidão para um estado de serenidade, estabilidade e contentamento. Lembro-me dela como uma linda mãe, uma boa jardineira e uma dona de casa feliz. Recordo-a como uma mulher que deixou seus medos de lado, uma pessoa que celebrava o presente (cada momento dele) e que confiava no futuro sem hesitações ou desejos. Raras vezes se irritava.

Minha mãe se reconciliava com a morte de meu pai, mas eu ficava cada vez mais triste. Ainda garoto, com 7 ou 8 anos, não conseguia me esquecer dos dias em que minha mãe fora dominada pela dor. De quando ela começava a soluçar do nada e eu me perguntava: "Por que meu pai morreu? O que é a morte? Minha mãe morrerá também? Morrerei também?". Ninguém era capaz de me dar uma resposta satisfatória, nem mesmo minha própria mãe. "Sim, um dia eu morrerei também, você também morrerá, todos morreremos. Estamos presos em um ciclo infinito de nascimento e morte." Esta foi a resposta que minha mãe me deu. No entanto, essas respostas me deixavam ansioso e inconformado.

Queria que alguém me dissesse: "Sim, existe algo que você pode fazer para que as pessoas parem de morrer. Sim, é possível viver sem morrer". Ninguém, nem mesmo uma única pessoa, pronunciou tais palavras em meus ouvidos.

Até que um dia falei com um respeitável monge jainista chamado Tulsi. Seu nome significava "manjericão", "manjericão sagrado" – algo tão simples e tão comum –, mas ele podia ser tudo, menos comum. Tulsi era o guru da minha mãe, da família e de dezenas de milhares de seguidores em busca da salvação. Chamava-se Gurudev, "Guru divino". Todos o veneravam e o adoravam.

Quando o conheci, ele tinha apenas 30 anos. Era bonito e feliz. Consideravam-no iluminado. Assim como todo mundo, eu era fascinado por ele, como se fosse o pai que eu perdera. No entanto, ele era mais do que isso; era a personificação da serenidade e da paz. E, acima de tudo, falava as palavras que eu ansiava ouvir havia tempos: "Sim, você pode pôr fim ao ciclo de nascimento e morte, pode atingir o Nirvana, a libertação absoluta, a liberdade do vir e ir mundano. Sim, você pode se libertar da perda, da solidão e de qualquer outro tipo de sofrimento". Essas palavras vinham dos lábios de um homem que descobrira a verdade e era acreditado por todos.

"O que devo fazer para atingir o Nirvana?", perguntei-lhe.

"Você precisa renunciar ao mundo e seguir o caminho dos monges. Abrir mão do orgulho e de suas posses. Libertar-se da sujeição à família e do apego à riqueza. Precisa viver como monge", Gurudev respondeu de maneira firme e pragmática.

"Quero ficar com você, Gurudev! Farei de tudo para derrotar a morte. Quero ser monge!" Essas palavras saíram de minha boca sem qualquer pensamento ou hesitação. Meu coração palpitava. Meu corpo tremia. Minha mente estava extasiada com a possibilidade de caminhar ao lado de Gurudev Tulsi. Sentia-me seguro com ele.

Muita gente achava que eu tinha uma alma velha em um corpo jovem. Na Índia acredita-se que reencarnamos e carregamos o carma de vidas anteriores. Portanto, minha atração pelos monges pode ter alguma relação com o carma de vidas passadas.

Por sorte, minha mãe, ainda que um pouco relutante, compreendeu a situação e me disse: "Se esse for seu chamado e seu destino, quem sou eu para criar um obstáculo à sua busca espiritual?". Outros membros da família e alguns amigos de minha mãe não foram tão abertos ou generosos: "Como pode um menino de 9 anos saber qual é seu chamado ou destino?". Este era o argumento dos meus irmãos e a resposta que minha mãe lhes deu estava repleta de emoção e convicção: "Eu sei, eu sei. É difícil para mim deixar este menininho ir embora, mas uma criança não é um adulto subdesenvolvido. Se atenuarmos seu desejo ou o dissuadirmos de buscar uma vida espiritual agora, como saberemos qual será o efeito em sua doce alma? Não é fácil mas, no final das contas, precisamos deixá-lo fazer o que quer".

Meus irmãos ficaram pasmos, mas as palavras de minha mãe alegraram meu coração. Ela me amava, mas não era possessiva. Acredito que foi ela quem estabeleceu o alicerce da coragem e do ativismo em minha vida ao se mostrar bastante ousada e altruísta para me deixar sair de casa e seguir o caminho da paz. No final, até consegui convencer o mais cético dos meus irmãos a me dar seu consentimento, permitindo que me tornasse um *sadhu* andarilho.

Deixei meu lar para trás. Desapeguei-me dos laços de amor com minha amada mãe. Levava uma tigela de mendicância nas mãos e me alimentava apenas uma vez por dia. Caminhava descalço, recitando o mantra sagrado "Om... Om... Om".

"Não preste atenção em assuntos mundanos. Não leia livros, exceto as escrituras sagradas dos jainistas. Decore os textos sagrados e medite sobre eles dia e noite." Era o que falava meu Gurudev. "Deixe que as práticas austeras do asceticismo queimem todas as negatividades remanescentes do passado."

E foi assim que deixei de tomar banho por nove anos. Meu cabelo espesso e negro era arrancado com a mão duas vezes por ano. Jejuava por 24 horas, depois por 48 horas e, posteriormente, três dias por mês. Sentava em silêncio por duas horas de manhã e duas horas à noite, focando no *atman*, meu "eu" íntimo e eterno, fundindo-o com *paramatman*, o espírito absoluto e ilimitado da pura luz.

Após escutar meu guru e ler algumas das escrituras jainistas, comecei a ver meu corpo como servidão, o mundo como armadilha e minha meditação como uma libertação do orgulho e da cobiça, da raiva e do ego, dos desejos e das dúvidas, para que eu fosse purificado de todos os pecados.

Isso continuou por anos a fio. Parecia um longo tempo de anseio por aquela libertação (*moksha*) elusiva. Estava entrando na adolescência, com 14, 15 anos. Aumentei a duração das minhas meditações e a frequência dos meus jejuns. Caminhava sozinho, em busca da salvação. Completei 16, 17 anos. "Devo me esforçar mais para encontrar a liberdade em minha alma", falei a mim mesmo. "O que mais posso fazer? Oh, deus da morte, Kala, venha a mim, venha logo e me liberte deste corpo pecaminoso, liberte-me deste mundo exaurido", implorei. Lembro-me claramente daquele período de desânimo. Queria morrer e jamais voltar a este mundo.

Foi então que um discípulo laico, Kishor, ao perceber meu estado de turbulência, ousou-me dar um livro escrito por Mahatma Gandhi. Eu não tinha permissão para ler textos não religiosos, nem mesmo os de Gandhi, mas esse eu li em segredo. Ele desafiava minha mente perturbada. Naquela noite, Gandhi veio a mim em um sonho. Ele subia uma colina e eu estava lá embaixo. Sentou-se e esperou por mim. Quando o alcancei, declarou: "Você não precisa abandonar o mundo para encontrar a salvação". Levantou-se e disse: "Venha comigo". Deu mais alguns passos à frente e prosseguiu: "Pratique a espiritualidade servindo ao mundo, sem renunciar a ele. Renuncie sua paixão, a luxúria e seus desejos; é assim que você transformará sua vida e encontrará a salvação". Enquanto Gandhi pronunciava essas palavras, uma luz surgiu ao seu redor e o elevou até que desaparecesse entre as nuvens, como se tivesse atingindo o Nirvana.

Acordei transpirando. Já deveria ser mais de meia-noite. Continuava agitado, revirando-me em confusão. O que Gandhi estava querendo dizer?

Na manhã seguinte, decidi fazer uma longa caminhada para acalmar a mente. Andei até sair da cidade de Ratangarh, que era rodeada de dunas de areia. Atravessei uma duna após a outra, sem destino. Pensei em meu Gurudev; ele era tão especial para mim! Ensinou-me muito sobre a futilidade das questões mundanas e sobre a arte da renúncia. Gurudev era gracioso, benevolente e culto. Entretanto, estava me ensinando a me desapegar de algo que eu desconhecia: o mundo. De repente, um desejo profundo surgiu em meu coração. Uma vontade de abraçar e de amar o mundo. Eu queria plantar flores. Queria cultivar e cozinhar os alimentos em vez de praticar a mendicância. Queria segurar uma mulher em meus braços e tocar seus lábios com os meus. Queria uma casa para morar sem ter de me deslocar constantemente, e dormir em uma cama macia, não no chão duro.

Algo mudara em mim da maneira mais profunda. Meu medo da morte se desvaneceu. Meu anseio, minha necessidade, de encerrar o ciclo de nascimento e morte parecia agora uma lembrança distante.

Eu percorrera um longo caminho. Perdera a noção do tempo. Lembro-me de ter caminhado por horas a fio sem saber onde estava. Com certeza era o final da tarde, o Sol movendo-se para o oeste. Estava cansado, com fome e sede, e não havia ninguém à vista. Nunca estivera naquela parte do deserto e não sabia como voltar para a cidade. Estava perdido por dentro, estava perdido por fora. Caminhava em círculos, olhando para um lado e para outro, tentando descobrir em qual direção a cidade estaria.

Após certo tempo, que pareceu uma eternidade, vi mais adiante um homem com um camelo. Com uma sensação de alívio, chamei-o e ele parou. Deve ter percebido que eu, em minha túnica branca, era um monge perdido. Caminhamos um em direção ao outro.

"Estou perdido", falei, "e estou com muita sede. Você tem água?".

O gentil homem do camelo sorriu para mim e respondeu: "Não se viaja pelo deserto sem água!". Em seguida, passou-me seu cantil de barro, que estava coberto por um pano úmido para manter a água fresca. Bebi sofregamente e disse-lhe:

"Quase morri de sede neste deserto. Água é vida. Obrigado, homem do camelo! Obrigado por salvar minha vida. Qual o seu nome?"

"Me chamam de Krishna."

"O próprio Deus Krishna, nada menos do que isso!", eu ri.

"Meus pais queriam que eu fosse tão alegre quanto Krishna e foi por isso que me deram este nome", contou o homem do camelo. "Krishna cuidava de vacas, era um fazendeiro feliz – assim como eu; também sou feliz."

Fiquei comovido pela maneira com que se expressava, a fala simples e encantadora.

"Em que direção você vai?", perguntei.

"Moro em uma pequena aldeia perto de Ratangarh."

"Posso segui-lo? Estou perdido."

"Claro. Você quer montar meu camelo?"

"Não, não. Sou monge; não ando a camelo nem a cavalo, nem ando de carro, trem, barco, nem mesmo de bicicleta há nove anos. Devo caminhar. Esta é minha regra."

Segui Krishna. Ele usava um turbante vermelho e argolas de prata nas orelhas. Sua *kurta* (camisa) era cor de laranja e feita de algodão rústico. O camelo estava carregado de produtos agrícolas: painço, melões e sementes de gergelim. Lembraram-me de minha infância. Minha mãe costumava plantar as mesmas coisas. Descobri que Krishna nunca havia ido à escola e, portanto, não sabia ler nem escrever. Entretanto, sabia cuidar de camelos e plantar alimentos para sua família. Construíra sua própria casa com barro, madeira e palha. Sua esposa ordenhava vacas, produzia manteiga e iogurte, cantava músicas folclóricas e cuidava dos dois filhos. Krishna me explicou tudo isso com grande entusiasmo. Sua vida era simples mas encantadora.

"Onde aprendeu todas essas habilidades? Você não gostaria de ter ido à escola?", perguntei.

"Aprendi com meu pai e minha mãe, mas principalmente fazendo as coisas na prática. Estou na escola da Natureza, a Natureza é minha mestra. Aprendo com a terra o tempo todo", Krishna respondeu. Era pura sabedoria camponesa. Parecia minha mãe falando. Caminhar com Krishna por mais de uma hora me revigorou.

"Como você aprende com a terra?", indaguei.

"Apenas escuto a terra e olho ao redor. Olhe para essas dunas de areia: estão sempre se deslocando, se movimentando, mudando e, ainda assim, permanecem sempre as mesmas. Até aqui, neste deserto árido, temos a chuva das monções. Mesmo nesta terra aparentemente estéril, cultivamos painço e melões. Amo esta terra. A areia brilha sob o luar como campos de prata. A terra é bela e benévola."

Poderia ter escutado Krishna por horas.

Chegamos a Ratangarh. A caminhada de volta me acalmou e, ao mesmo tempo, eu ansiava ser como Krishna, normal e comum. Krishna me fez pensar: quem sou eu? Minha túnica branca me define? Será que sou mais que um monge? Mais que meu nome? Mais que minha túnica e minha aparência? De repente, vi uma luz clara. Disse a mim mesmo: sou livre. Vi um pássaro voando para fora da gaiola do meu corpo.

E eu estava livre.

Simples assim. Meus ombros estavam leves. O peso se fora. Voltei para a casa onde estava passando a estação das monções com mais dois monges. Gostava muito deles. Queria que vissem meu estado de espírito. Conversamos por longas horas. Para minha surpresa e alegria, eles também queriam se libertar das restrições da ordem. Nós três queríamos ir embora. Poucos dias depois, consegui convencer uma discípula a nos dar algumas roupas comuns e passagens de trem para Délhi.

Naquela noite, após a meia-noite, com a cidade adormecida e as ruas escuras, escapamos das fronteiras da ordem monástica. Escapei da prisão de minha própria escolha. Estava repleto de emoções ambivalentes – rebeldia e gratidão. Gurudev me dera tanto amor, tantos treinamentos, tanto de si mesmo. Agora, porém, eu precisava encontrar meu próprio guru interno, sem depender de Gurudev Tulsi para o resto de minha vida. Já não buscava conquistar a morte; o que eu almejava era abraçar a vida com todas suas incertezas, ambiguidades e desafios.

É claro que Gurudev ficou triste e se sentiu traído. Minha mãe ficou aborrecida e zangada. Passou a me rejeitar, cortou relações comigo e não me queria mais em sua casa. (Falarei mais sobre isso no capítulo 10.) No final, veio a calhar. Lembrei-me do sonho com Gandhi e suas palavras sobre espiritualidade no mundo, na vida diária, em cada pensamento, palavra e ação.

Foi então que tomei refúgio em um *ashram*, uma comunidade de pessoas engajadas em ativismo espiritual. O *ashram* estava localizado na cidade sagrada de Bodhgaya, perto da árvore Bodhi, sob a qual o Buda se iluminou. Era um ambiente perfeito para mim. Meu desejo não era escapar da espiritualidade. Apenas senti que estava me distanciando da dualidade mundano/espiritual. Este era meu reencontro com o mundo.

O *ashram* fora fundado por Vinoba Bhave, amigo íntimo de Gandhi. Ele ensinava que o espírito santo permeia a matéria completamente até torná-la sagrada. Matéria e espírito não podem ser separados. Espiritualidade não é um sistema de crenças ou um conjunto de dogmas ou doutrinas; é um modo de vida. Religiões e rituais, livros e templos sagrados podem abrir as portas da percepção, mas precisamos transcendê-los para vivenciar uma espiritualidade viva, na simplicidade comum da vida diária. Para que isso aconteça, precisamos viver em harmonia com nós mesmos, com nossos companheiros humanos e com o mundo natural.

As palavras de Vinoba, transmitidas a mim pelos praticantes do *ashram*, eram música para meus ouvidos. Aqui eu era uma pessoa comum, ninguém tinha de fazer reverências para mim e eu não precisava fingir que era santo. Libertei-me da minha vaidade. Após nove anos, eu tocava a terra de novamente. Trabalhava no jardim e na cozinha. Era uma sensação estranha e boa. Eu respirava o ar da emancipação.

De forma paradoxal, a vida monástica me deixara sufocado e resiliente ao mesmo tempo. Ao abrir mão de minha casa, minha escola, meus amigos e deixar minha mãe para trás – e, mais tarde, como monge, sem lidar com dinheiro por nove anos, sem renda nem bens –, eu aprendera a arte da renúncia. Mesmo assim, não sentia falta de coisa alguma; desapegara-me dos desejos. Como monge, aprendi que o medo é a causa-raiz do ego, da raiva, ganância e orgulho. Portanto, devia deixar o medo de lado e confiar no desconhecido. Estava grato por este presente que recebera do meu guru. Agora estava feliz por viver sem medo no mundo real, sem a proteção vulnerável de uma ordem monástica. Foi a maior guinada da minha vida.

No *ashram* aprendi os quatro estágios da vida de acordo com a tradição hindu. Os primeiros 25 anos correspondem ao período de aprendizado, que forma a base para o resto da vida. O segundo período de 25 anos é voltado à prática das habilidades e ideias adquiridas. No terceiro período de 25 anos ocorre o compromisso em servir a comunidade e a sociedade. E no quarto e último estágio, a verdade interna é vivida por meio da meditação, reflexão, renúncia e desapego de todos os bens materiais e emocionais. Prezo muito esse padrão ideal de vida, que tem guiado minhas ações.

Como monge, aprendi as artes de caminhar, jejuar, pensar e meditar. No *ashram* em Bodhgaya, aprendi as artes do fazer – cozinhar, cuidar do jardim e fiar algodão para produzir minhas próprias roupas. Com Vinoba aprendi a meditar ao fazer coisas e a ficar quieto ao caminhar.

Vinoba Bhave era um peregrino da paz com a missão de gerar um reino de compaixão. Caminhou 161.000 quilômetros e, não importa aonde fosse, pedia aos senhorios que compartilhassem a terra com os pobres. Também tornei-me um peregrino da paz com a missão de pôr fim à corrida às armas nucleares. Andei quase 13.000 quilômetros para os países que possuem bombas nucleares. Durante esses dois anos e meio, percebi que a peregrinação é tanto uma metáfora como uma realidade literal. Ser peregrino é viver com poucos pertences e com simplicidade em todas as circunstâncias, abraçando com equanimidade tanto os prazeres como as dificuldades que se apresentam. Fiz muitas peregrinações a lugares santos e santuários sagrados de importância religiosa e natural, mas a verdade mais profunda é que a própria vida é uma peregrinação.

A simplicidade é o último grau de sofisticação.

Leonardo da Vinci

2.
A simplicidade do caminhar

Todos os pensamentos verdadeiramente grandes são concebidos ao caminhar.

Friedrich Nietzsche

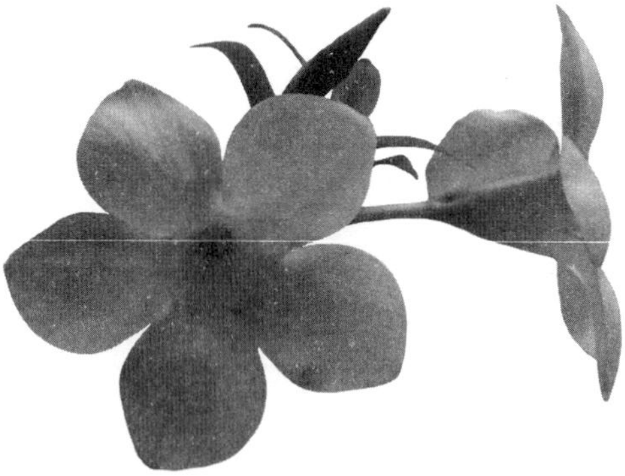

Meus nove anos como monge jainista foram um período de treinamento de paz. Os jainistas tornaram o significado da paz o mais amplo e profundo possível. Foram (e, em grande parte, ainda são) os pacifistas originais e mais leais da Índia; sempre defenderam a prática da paz de tal forma que, de tempos em tempos, são definidos como praticantes da não violência extrema – não matarão nem mesmo um pernilongo, muito menos um animal ou um ser humano! No jainismo, a ordenação de monges e monjas pode ocorrer em tenra idade. Fiquei tão profunda e intensamente atraído por nosso guru, Acharya Tulsi, que convenci minha mãe a me deixar sair de casa para seguir o caminho dos jainistas e aprender os princípios da paz quando eu tinha apenas 9 anos de idade.

Fui monge jainista por nove anos. Foi uma época de treinamento em paz. O treinamento mais importante de todos foi caminhar descalço. Ao longo de nove anos, não montei nenhum animal, não viajei de carro nem de trem, nem de barco, bicicleta ou avião. Por outro lado, caminhei milhares de quilômetros, atravessando desertos e selvas, cruzando montanhas e planícies, em condições quentes e frias. Não tinha casa nem dinheiro, nem estoques, nem posses. Mendigava alimentos uma vez por dia e comia o que recebia, sem guardar os restos de um dia para o outro. Possuía só o que podia carregar no corpo. Caminhar não era apenas um meio de viajar de A para B, ou um jeito de chegar a algum lugar. Caminhar era uma prática espiritual em si – uma prática de simplicidade, minimalismo e meditação.

A vida monástica, portanto, era minha preparação para a concretização da paz interior. "Como você pode gerar paz no mundo se não está em paz consigo mesmo?", perguntou meu guru. "Paz não é meramente o que você pensa ou diz, mas como você é. Para gerar paz é preciso estar em paz. Não há distinção entre o estado líquido do leite, a brancura do leite e as qualidades nutritivas do leite. A consistência, a cor e a qualidade do leite são um todo integrado; da mesma maneira, o pensar, o falar e o estar em paz devem estar integrados. Assim a paz irradiará de você sem esforço, da mesma forma que a luz irradia do Sol."

Quando, aos 18 anos, abandonei a vida de mendicância e me juntei a um ativista da paz – um seguidor de Mahatma Gandhi chamado Vinoba Bhave –, agreguei a dimensão social da paz à dimensão espiritual que adquirira como jovem monge jainista. "Não haverá paz no mundo enquanto os poderosos dominarem os destituídos e os ricos explorarem os pobres", explicou Vinoba. "Embora hoje esteja livre do domínio britânico e da regra colonial, a Índia ainda não é livre. Enquanto os proprietários de terras viverem no luxo e os trabalhadores sem-terra labutarem por salários miseráveis, não poderá haver paz, ainda que aparentemente as coisas estejam calmas."

Munido desta convicção, Vinoba falou com os proprietários de terras, um após o outro, pedindo-lhes que não esperassem por uma insurreição armada ou uma legislação governamental, mas que agissem a partir da compaixão de seus corações e em resposta a um chamado político pela justiça social. Afirmou que deveriam agir de imediato para ficar em paz com os vizinhos e com os camponeses, dividindo suas terras com eles. Este era o movimento de Doação de Terras, voltado ao estabelecimento da paz política.

Meu encontro com Vinoba deixou-me tão profundamente inspirado, que, já que não tinha terras para doar para a causa, decidi doar minha própria vida. Assim como eu, Vinoba caminhava. Jipes e carros não chegam aonde nossas pernas podem chegar – não me refiro apenas a aldeias e pequenas vilas, mas também ao coração das pessoas. Eu estava pronto para isso. Já caminhara milhares de quilômetros, portanto meus pés já estavam calejados, meus músculos fortalecidos, e minha determinação era resiliente.

"O que devo dizer aos proprietários para convencê-los a abrir mão de seu bem mais precioso – suas terras?", perguntei a Vinoba.

"Diga-lhes: 'Se você tiver cinco filhos, considere Vinoba seu sexto filho, representando o pobre, o miserável, o fraco. Dê-lhe um sexto de suas terras. Se um sexto das terras da Índia fosse redistribuído entre os trabalhadores rurais sem-terra, ninguém ficaria sem fonte de subsistência'."

"Mas isso parece idealista demais, Vinoba", protestei. "Certamente resistirão pensando: 'Somos os donos desta terra; herdamo-la de nossos pais; é nossa terra. Por que deveríamos doá-la?'."

Vinoba respondeu: "Como alguém pode ser dono da terra? Ela pertence à Natureza. Você é dono do ar? Alguém é dono da água? A luz do Sol pertence a alguém? Não podemos nos considerar donos da Natureza e dos elementos básicos da vida; só podemos viver nos relacionando com eles".

Vinoba prosseguiu: "De qualquer forma, se não compartilharmos a terra, os pobres e destituídos não aceitarão esta situação para sempre. Queremos uma revolução violenta? Não seria melhor gerar a mudança de maneira sensata, racional e pacífica?".

Dotado de pensamentos tão sinceros, edificantes e convincentes, juntei-me a meus colegas ativistas e defensores para ir conversar com um proprietário de terras que também era chefe de um templo hindu, e que possuía 810 hectares de plantação de arroz da melhor qualidade.

Mas como conseguiríamos vê-lo?

"Por favor, anuncie ao sacerdote que alguns mensageiros de Vinoba desejam vê-lo", informei aos funcionários da administração do templo. Os funcionários franziram o cenho, mas nos ofereceram um copo d'água. Sabiam que Vinoba não era uma pessoa comum; além de ser um defensor radical da reforma agrária e pacifista, era um erudito hindu renomado, cujas palestras sobre a *Gita* (um dos textos sagrados da Índia) levaram à venda milhões de exemplares em mais de uma dezena de línguas. Mesmo assim, não nos concederam uma audiência com o sacerdote do templo.

Não que não tivesse tempo para nos receber; no fundo, não queria considerar a ideia de desfazer-se de algumas de suas propriedades em prol dos sem-terra. Portanto, antes mesmo de termos a oportunidade de apresentar nossa visão, os valores e os ideais da reforma agrária por meios pacíficos, já tínhamos sido rejeitados de cara.

O que fazer então?

No dia seguinte, preparamos alguns banners e uma dúzia de nós voltou ao escritório do templo bem cedinho, antes que o sacerdote chegasse. Nosso banner não tinha slogans radicais. A única exigência que imprimimos foi: "Queremos ver o sacerdote".

Ao avistarmos o jipe dele se aproximando, nos deslocamos para bloquear o portão. Como o jipe não tinha portas, não havia barreira física entre nós e o sacerdote. Cercamos o veículo, impedindo-o de avançar ou recuar.

"O que vocês querem?", perguntou o sacerdote. "Queremos uma audiência com o senhor." "Mas estou muito ocupado", respondeu. "Mas os pobres estão passando fome", insistimos.

"Providenciarei comida para eles. Agora, deixem-me passar."

"Mas amanhã eles terão fome novamente, e depois de amanhã também, e no dia seguinte também. Por quanto tempo o senhor poderá alimentá-los? Queremos fazer algo que lhes permita sustentar-se sozinhos."

O sacerdote se calou.

"Sei o que vocês querem. Vocês querem que eu dê minhas terras."

"Sim, isso mesmo. Assim, os pobres e famintos poderão se manter para sempre, sem importuná-lo. O senhor terá paz de espírito e viverá em uma região feliz. No seu caso, ganhará méritos e uma boa reputação. As pessoas o louvarão. Sendo gentil com os pobres e generoso com aqueles que não têm nada, o senhor contribuirá para sua própria felicidade."

Foi desse jeito que lhe suplicamos.

"Preciso consultar meu comitê. De qualquer forma, por que vocês mesmos não captam recursos para comprar a terra? Eu certamente contribuiria para um fundo como esse. Tenho certeza de que poderíamos doar mil rupias. Até mesmo 5 mil rupias. Seria muito melhor assim. Só acho que não podemos dar-lhes terras", disse o sacerdote.

Estávamos encantados por termos um diálogo desse tipo com ele, no portão do escritório próximo ao templo. Os passantes começaram a se reunir para escutar, e os altos funcionários do templo pareciam preocupados.

"Por favor, abram passagem. O sacerdote precisa cuidar de seus compromissos", pediu um dos oficiais. Mas ignoramos a ordem.

Lembrei ao sacerdote: "Há milhões de habitantes em nosso país que não têm onde morar, não possuem terras nem meio de subsistência. Quanto dinheiro poderemos captar para comprar terras para esse enxame de milhões de pessoas? É por isso que Vinoba, no esforço de uma solução espiritual, defende a Doação de Terras. Segundo ele, dinheiro é o problema, não a solução. A doação é a solução. Uma doação é tão benéfica para quem dá quanto para quem recebe".

"Deixem-me pensar melhor", respondeu o sacerdote.

"Podemos voltar amanhã de manhã? Assim o senhor terá 24 horas para refletir", respondi. "Não estamos pedindo nada para nós. Vinoba não tem casa; mora em um *ashram* e percorre o país em busca de terras para os pobres. Portanto, lembre-se, por favor: dar terra para que Vinoba a dê aos pobres é tanto de seu interesse como de interesse dos trabalhadores sem-terra e dos agricultores. Por favor, lembre-se também da mensagem de Vinoba: a terra não pertence a nós; nós é que pertencemos à terra. Ao morrermos, não a levaremos conosco. É por isso que ele nos pede para compartilhar e cuidar, para que o senhor e seus trabalhadores sejam felizes juntos."

Eu me encontrava em uma posição estranha, falando com o sacerdote de um templo hindu sobre os ideais mais elevados do hinduísmo.

Ele sorriu para mim e disse: "Tudo bem. Volte amanhã de manhã. Veremos o que é possível fazer".

Aplaudimos. Todos aplaudiram. Ontem queríamos uma audiência particular com o sacerdote. Hoje recebemos uma audiência um tanto pública, o que se mostrou muito melhor para nós.

Na manhã seguinte, os funcionários da administração do templo foram bem mais solícitos. Ao chegarmos, ofereceram-nos copos d'água e xícaras de chá, e logo fomos levados à presença do sacerdote. Antes que pudéssemos pronunciar uma única palavra, o sacerdote se adiantou: "Sei que Vinoba é um grande espírito, um homem compassivo e comprometido com a elevação dos pobres. Por favor, leve este bilhete a ele".

O bilhete dizia: "Queremos doar 48,5 hectares de nossas terras para Vinoba, para que sejam redistribuídos entre os agricultores sem-terra. Favor tomar providências para que seus colegas reúnam-se com nossos funcionários para localizar a área com precisão e demarcá-la".

Tivemos êxito com facilidade e estávamos no céu.

Isso acontecia em toda a Índia. Entre 1951 e 1971, 1,6 milhão de hectares foram doados a Vinoba de maneira semelhante. Era a melhor expressão de ativismo social. Além disso, ao longo desses anos, o próprio Vinoba caminhou mais de 160.000 quilômetros cobrindo toda a extensão da Índia, da Caxemira a Kerala, de Goa a Assam. Tive a grande sorte de caminhar e de trabalhar com ele como aprendiz de ativista.

Certa manhã, em 1961, meu amigo E. P. Menon e eu fomos tomar café da manhã em uma cafeteria. Menon nasceu em Kerala, sul da Índia. Trabalhávamos juntos no movimento gandhiano e caminhávamos com Vinoba Bhave. Ele era defensor ferrenho da mudança política e também ávido leitor de obras literárias, como os romances de Tolstói. Naquela época, ambos tínhamos sido convocados por Vinoba para trabalhar em um *ashram* próximo a Bangalore, cidade de cultura e comércio, com um clima agradável e famosos cafés e restaurantes. Estávamos profundamente gratos a Vinoba pela oportunidade de abrir um *ashram* onde jovens ativistas como nós poderiam ser treinados e inspirados.

Nesse dia, em particular, deparamo-nos com uma notícia que mudaria o rumo de nossas vidas para sempre: enquanto aguardávamos o café, lemos no jornal que um homem de 90 anos – filósofo e matemático vencedor do Prêmio Nobel – havia sido condenado ao cárcere por uma semana por protestar contra armas nucleares na Grã-Bretanha. Ao lermos uma história tão extraordinária, ficamos surpresos, admirados e chocados. Embora já estivesse totalmente comprometido com a ideia de não violência e paz mundial, fiquei estupefato ao saber de um filósofo ocidental idoso, que seguia o caminho de Gandhi e iria para a cadeia com a coragem de sua convicção.

O homem era, claro, o pacifista britânico Bertrand Russell. Sentimo-nos impelidos a fazer algo para apoiar esse filósofo que havia demonstrado enorme coragem e convicção – mas o quê? Soubemos então que ele e milhares de outros manifestantes contra armas nucleares estavam marchando de Aldermaston a Londres. Do nada, surgiu o seguinte pensamento: que tal caminharmos de Délhi a Moscou, Paris, Londres e Washington – capitais de todos os países detentores de armas nucleares na época?

"Uau!" Encontramos nossa inspiração. Decidimos andar até as quatro capitais nucleares do mundo.

Pegamos um avião até Assam, onde Vinoba caminhava pela Doação de Terras. Não foi difícil encontrá-lo. Os jornais e a rádio cobriam cada movimento dele, e qualquer um sabia onde ele estava. Ele não era apenas o centro das atenções da cidade, mas de todo o estado de Assam!

Encontramos Vinoba em uma aldeia distante, aonde tinha acabado de chegar após caminhar 16 quilômetros. Ao nos ver, exclamou: "Que visita inesperada! Vocês estão bem? Como vão as coisas e todos em Bangalore?".

Ficamos apreensivos. Após darmos notícias sobre o *ashram*, revelamos que o motivo da visita era pedir especificamente sua permissão, apoio e bênção para realizarmos uma missão em prol da paz mundial e do fim das armas nucleares.

Vinoba era um verdadeiro santo – altruísta, desapegado e inabalável. "Interessante", disse. "Vocês caminharão o percurso todo? Que rota pegarão?" Pediu que lhe mostrássemos um mapa dos países que percorreríamos. Tivemos uma longa conversa sobre a rota e as vantagens e desvantagens de várias alternativas. Então subitamente afastou o mapa.

"Sim, vocês têm minha bênção, mas lhes darei duas armas para protegê-los ao longo da jornada. Primeiro, vocês são vegetarianos e deverão permanecer como tais; segundo, vocês devem caminhar sem um único centavo no bolso."

Ficamos atordoados.

"Permanecer vegetarianos é compreensível, Vinoba, mas quanto a não levarmos dinheiro, você realmente está querendo dizer que não devemos levar dinheiro algum? E se precisarmos tomar uma xícara de chá ou dar um telefonema?"

Vinoba nos garantiu: "Ou vocês têm muito dinheiro, como um rei, ou não devem ter dinheiro algum e, portanto, devem viver como um *sadhu*". Riu e continuou: "A guerra começa no medo dos outros e a paz surge da confiança. Não basta pregar a paz; para ser um verdadeiro pacifista, é necessário praticar a paz – ou seja, praticar a confiança. Portanto, lancem-se nesta grande jornada com confiança no coração. Confiem nas pessoas e confiem no processo do universo e tudo acabará bem".

Entretanto, continuávamos apreensivos e inseguros. "Certamente confiamos nas pessoas mas, para fins práticos, não podemos levar um pouco de dinheiro conosco?"

Vinoba nos explicou a razão prática para caminharmos sem dinheiro algum: "Ao chegarem a um lugar após uma longa caminhada, vocês estarão cansados, exaustos. Se tiverem dinheiro, jantarão em um restaurante, dormirão em uma hospedaria e irão embora no dia seguinte. Entretanto, se não tiverem dinheiro, serão forçados a encontrar alguém hospitaleiro, que os acolha à noite. Essa pessoa lhes oferecerá alimento e vocês dirão que são vegetarianos. Ela lhes perguntará por que – e é assim que poderão começar a conversar sobre a paz".

Vinoba era meu guru, e a relação entre noviço e guru subentende uma entrega completa e inquestionável a sua orientação e sabedoria. De qualquer forma, por ter vivido sem dinheiro por nove anos como monge jainista, eu estava um pouco mais preparado que Menon. Contudo, mesmo nessa hora, ele foi corajoso o suficiente para dizer: "Sim, que nossa jornada seja uma peregrinação".

Após recebermos a bênção de Vinoba, partimos em direção a Nova Délhi, Raj Ghat, para o túmulo de Mahatma Gandhi, e iniciamos nossa peregrinação – não apenas sem dinheiro, mas também sem passaporte. Naqueles dias, o governo indiano exigia um depósito de 20 mil rupias. Na eventualidade de precisarmos ser repatriados, o depósito cobriria os custos. Este era um bom teste para nós – ou seja, até que ponto acreditar que o governo indiano nos daria passaportes. Os jornais indianos fizeram uma matéria sobre nossa peregrinação e um membro do Parlamento questionou o Primeiro-Ministro, o próprio Sr. Nehru: "Por que aos peregrinos da paz é negado o direito inato à cidadania livre, o direito irrestrito de ir e vir e o direto a um passaporte?".

Além de Primeiro-Ministro, naquela época o Sr. Nehru também era Ministro das Relações Exteriores. Já lhe havíamos informado nossos planos e recebemos uma resposta animadora e desejos de boa sorte. Ele assumiu a responsabilidade de acabar com a burocracia e, na véspera da data programada para cruzarmos a fronteira com o Paquistão, dois oficiais vieram nos procurar e entregaram nossos passaportes. A confiança prevaleceu.

Assim, munidos de passaportes, estávamos na fronteira da Índia com o Paquistão, prontos para partir. Trinta e cinco homens e mulheres vieram se despedir de nós. A maioria estava entusiasmada com nosso programa, mas uma amiga estava bastante preocupada e apreensiva.

"Não é loucura, meus amigos, vocês irem a pé até o Paquistão? Estamos em guerra com esse país, são nossos inimigos. Vocês não têm dinheiro, nem alimento e estão a pé. E a segurança e a integridade física?" Ela nos repreendia enquanto falava. "Esqueçam Vinoba, levem pelo menos um pouco de comida. Aqui estão alguns mantimentos para sustentá-los enquanto estiverem em busca de um anfitrião solidário."

Isso foi uma provação. Pensei um pouco, refletindo as palavras de Vinoba, e respondi à minha amiga: "Obrigado por sua gentileza, mas estes farnéis não são pacotes de alimento; são pacotes de desconfiança. O que diremos aos nossos anfitriões paquistaneses? Como não sabíamos se vocês nos alimentariam, trouxemos nossa própria comida lá da Índia. Por favor, entenda nossa posição e perdoe-nos por recusarmos seu amável gesto". A mulher estava com lágrimas nos olhos.

"Por que você está chorando, minha amiga? Por favor, abençoe-nos."

"Satish, esta pode ser a última vez que o vejo. Você passará por países muçulmanos, países capitalistas, desertos, selvas, montanhas, tempestades de neve e não terá nem comida nem dinheiro para sustentá-lo. Não posso imaginar como você sobreviverá a todo esse suplício e voltará vivo." A essa altura minha amiga estava realmente soluçando.

"Não se preocupe, querida amiga, se eu morrer ao caminhar pela paz, será o melhor tipo de morte que poderei ter. Então, a partir de agora, caminharei pela paz sem temer a morte e sem temer a fome. Se ficar sem alimento por alguns dias, considerarei isso minha oportunidade de jejuar e, se não conseguir abrigo por alguns dias, aproveitarei para dormir em um hotel de um milhão de estrelas. Com certeza será melhor que um hotel de cinco estrelas!"

Nem mesmo essa piada satisfez minha amiga. Deu-me um forte abraço, ainda soluçando, mas percebendo também que não poderia me deter. Independentemente de enfrentarmos a vida ou a morte, Menon e eu estávamos determinados a prosseguir.

Para nossa grande surpresa, assim que pisamos em solo paquistanês, um jovem se aproximou de nós e nos perguntou, com entusiasmo: "Vocês são os dois peregrinos que vieram ao Paquistão pela paz?".

"Sim, somos nós, mas como descobriu? Não conhecemos ninguém no Paquistão. Não escrevemos para ninguém em nosso país e, ainda assim, você parece saber tudo sobre nós. Como é possível?"

"Sua fama já está à sua frente. Li sobre vocês nos jornais locais e outros viajantes que também vieram da Índia os viram e falaram de vocês. Quando soube que havia dois indianos estendendo a mão em amizade, fiquei comovido e emocionado. Estou à sua procura há dias. Que tolice essa guerra entre Índia e Paquistão."

O estranho prosseguiu: "Antes de 1947, éramos um único povo. Não temos opção a não ser continuarmos vizinhos e amigos, portanto vim dar-lhes as boas-vindas".

Suas palavras eram música para meus ouvidos. Disse-lhe: "Obrigado, você tem um grande coração e uma grande mente. A paz não é possível quando a mente é tacanha. Se chegarmos aqui como indianos, encontraremos paquistaneses. Se chegarmos como hindus, encontraremos muçulmanos. Mas se chegarmos como seres humanos, encontraremos seres humanos".

Continuei explicando: "Ser hindu, muçulmano, indiano ou paquistanês é nossa identidade secundária. Ser membro da comunidade humana e da comunidade da Terra é nossa identidade principal".

O jovem Gulam Yasin deu-nos um forte abraço e nos ofereceu a hospitalidade de sua própria casa. Cinco minutos antes, minha amiga estava soluçando, dominada pelo medo de inimigos paquistaneses muçulmanos, e aqui estávamos nós, poucos momentos depois, abraçando um deles! Isso se repetiu dia após dia e noite após noite em todo o Paquistão. Proclamava-se, repetidas vezes, que a guerra não é entre hindus e muçulmanos, ou entre indianos e paquistaneses – a guerra é entre políticos em busca do poder e fabricantes de armas bélicas em busca de lucro.

Não importa se estávamos caminhando nas planícies do Paquistão ou nas alturas do Passo Khyber, entretidos pelos rotarianos de Rawalpindi ou pelos animados *pathans* do Paquistão – o clamor do povo nas ruas era o mesmo: não desperdicem nossa riqueza ou talento em armas de ódio; façam algo para promover a harmonia e o bem-estar daqueles que trabalham nos campos, nas fábricas, escolas e hospitais.

Deixando de lado as bolhas que surgiram em nossos pés, fomos abençoados pela generosidade de corações humanos durante toda a viagem, cruzando as colinas do Afeganistão, as tempestades de areia do Irã e os vinhedos exuberantes do Azerbaijão. No final, a ausência de dinheiro foi uma bênção em vez de impedimento. Assim que percebiam que éramos peregrinos da paz que haviam renunciado à dependência do dinheiro, faziam absolutamente de tudo para nos ajudar, com um entusiasmo muito maior do que se o levássemos conosco.

A serenidade e o frescor do Mar Cáspio, a grandiosidade imponente do Monte Ararate, os pomares suntuosos da Armênia e os jardins do chá verde intenso da Geórgia eram tão inspiradores quanto o povo desses países. Escrevi sobre a experiência transformadora da bondade que recebemos no decorrer da jornada no livro *No Destination* [Sem destino], mas gostaria de contar de novo a história do "chá da paz", que deu um toque especial à nossa peregrinação.

O Mar Negro à esquerda, as Montanhas do Cáucaso à direita, caminhávamos quase que nos arrastando, dia após dia. "Será que estamos realmente realizando alguma coisa?", perguntei ao meu companheiro Menon com um tom um tanto desesperado em minha voz desalentada.

"Você está desanimado?", perguntou. "Lembre-se: o importante é a ação, não o resultado. Vamos lá, controle-se!"

Enquanto Menon falava, lembrei-me da famosa canção de Rabindranath Tagore:

Se ninguém responder ao seu chamado,
Mesmo assim, caminhe sozinho, caminhe sozinho.
Mesmo que todos o ignorem,

Fale sozinho, fale sozinho.
Mesmo quando o caminho for árduo,
Marche sozinho, marche sozinho...

De certo modo, as palavras de Tagore me ajudaram, mas não o suficiente. Ainda estava dominado por dúvidas. Entretanto, nesse exato momento, notei duas jovens paradas, desfrutando da luz do Sol. Dei-lhes um folheto, em russo, que descrevia o propósito, a rota e nossa ação pela paz. Uma delas falou: "Ouvimos vocês no rádio. Que coincidência encontrá-los! Vocês realmente caminharam toda essa distância desde a Índia?".

"Sim, caminhamos!"

"Nosso Santo Rasputin foi até a Índia a pé. Vocês estão fazendo a viagem de volta?"

"De certa forma, sim", respondemos no russo básico que estávamos aprendendo. Achávamo-nos prestes a ir embora quando uma das mulheres sugeriu: "Trabalhamos na fábrica de chá. É hora do almoço. Vocês gostariam de tomar uma xícara de chá no refeitório e nos contar tudo sobre sua viagem?".

"Claro", respondemos. "Sempre é uma boa hora para tomar chá!"

Seguimos as mulheres de volta à fábrica, largamos as mochilas no chão e começamos a relaxar enquanto tomávamos chá. Alguns dos operários soviéticos começaram a se juntar a nós: ver estranhos da Índia era novidade para eles. Não demorou muito e começaram a surgir biscoitos e pão, e Menon e eu sentimos uma alegria imensa ao sentar e desfrutar o delicioso chá, enquanto respondíamos uma pergunta após a outra. A curiosidade dos operários era ilimitada. Podia ser uma localidade rural remota, mas a preocupação dos trabalhadores com a paz e seu espanto com a estupidez de militaristas que desperdiçavam recursos com armas nucleares imprestáveis preencheu a sala. Enquanto estávamos profundamente envolvidos em uma discussão sobre desarmamento, uma das mulheres que encontramos no começo teve uma ideia luminosa. De súbito, se levantou, saiu da sala e voltou um pouco depois com quatro pacotes de chá.

"Tenho um pedido especial", revelou. "Estes quatro pacotes de chá são para os quatro líderes dos países nucleares do mundo. Não posso ir até eles, mas quero que vocês dois sejam nossos embaixadores e, por favor, sejam os mensageiros deste 'chá da paz'. Entreguem um pacote ao nosso Primeiro-Ministro no Kremlin, o segundo pacote ao Presidente da França, no Palácio do Eliseu, o terceiro ao Primeiro-Ministro do Reino Unido e o quarto ao Presidente dos Estados Unidos."

Ouvimos sua solicitação em silêncio total. Que presente mais criativo!

"E, por favor, levem com o chá uma mensagem nossa, desta pequena fábrica no Mar Negro. A mensagem é a seguinte: Este não é um chá comum; é o chá da paz. Se em algum momento os senhores tiverem a ideia insana de apertar o botão nuclear, por favor, façam uma pausa e tomem uma xícara de chá da paz fresquinho. Isso lhes dará um instante para refletir que suas armas nucleares não eliminarão apenas seus inimigos, mas matarão todos os homens, mulheres, crianças, florestas, aves e lagos, ou seja, todas as formas de vida. Portanto, pensem melhor e não apertem o botão."

"Uau! Que mensagem!", exclamei.

Contei a Menon que todo meu desânimo havia desaparecido. Faça chuva ou faça sol, entregarei estes pacotes de chá da paz aos destinatários desejados, exatamente como a mulher nos pedira. Agradecemos-lhe por ter nos dado uma missão tão especial. "Estamos honrados em ser seus embaixadores da paz", dissemos. O rosto da mulher se iluminou. Estava repleta de graça, encanto e beleza. Enquanto nos abraçava, todos na sala aplaudiam. Foi a melhor comemoração de despedida de nossas vidas.

Após muitos altos e baixos, lutas e conflitos, por fim chegamos a Moscou. O Primeiro-Ministro Nikita Khrushchev enviou-nos uma carta nos parabenizando, mas lamentando não poder nos encontrar em pessoa. Entretanto, fomos convidados a ir ao Kremlin para entregar o pacote do chá da paz ao Presidente do Soviete Supremo, o Sr. Spiridonov, que entregaria o presente ao Primeiro-Ministro.

O esplendor do Kremlin era impressionante, mas o que o Sr. Spiridonov nos falou ao receber o chá foi menos convincente: "Nosso Primeiro-Ministro Khrushchev e o governo estão preparando uma proposta após a outra às potências do Ocidente para assegurar a paz. Então, seu trabalho na verdade é lá, na Europa ocidental e nos Estados Unidos, e fico satisfeito ao saber que levarão sua mensagem a eles." Ou seja, ele estava jogando a responsabilidade nos outros!

De Moscou, prosseguimos a caminhada pela neve intensa, passando por pequenas cidades e aldeias, e por cenários rurais e urbanos na Bielorrússia, Polônia, Alemanha e Bélgica. Levamos dez meses para chegar a Moscou e mais seis meses para chegar a Paris. Estávamos ansiosos para ver o Presidente De Gaulle, mas nenhuma de nossas cartas ou telefonemas teve resposta. Portanto, com o apoio de pacifistas franceses, Menon e eu fomos ao Palácio do Eliseu em busca de uma audiência com o Presidente ou seus representantes. Entretanto, os guardas, os oficiais e a polícia nos pressionaram a ir embora, pois era proibido fazer manifestações ou se reunir nos portões do palácio. Ao nos recusarmos a obedecer ordens, fomos detidos e levados à prisão, onde ameaçaram nos deportar de volta à Índia. Finalmente, após três dias de negociações que envolveram o embaixador da Índia, tivemos permissão para entregar o chá da paz ao chefe da polícia de Paris, que prometeu passá-lo ao Palácio. De certa forma, ficamos satisfeitos com a prisão em Paris, pois essa era de fato nossa ação pela paz – seguindo os passos de Bertrand Russell.

Com a ajuda de amigos franceses, cruzamos o canal de barco e caminhamos de Dover para Londres, em busca de uma reunião com o Primeiro-Ministro Harold Wilson. Mais uma vez, o Primeiro-Ministro estava ocupado demais para se reunir conosco; no entanto, pediu que Lorde Attlee, ex-Primeiro-Ministro, nos atendesse, e que um alto funcionário do Ministério das Relações Exteriores nos encontrasse e recebesse o pacote do chá da paz em nome do Sr. Wilson. Aos nos recepcionar na Câmara dos Lordes, Lorde Attlee disse: "Caros amigos, podem estar certos de que ninguém usará armas nucleares. Tudo não passa de um espetáculo", e riu. Porém as palavras desse político de baixa estatura, magro e sereno não nos convenceram.

"Se é isso mesmo, por que então estamos desperdiçando tempo e recursos com esses brinquedos enquanto há gente no mundo passando fome, escolas e hospitais sem meios e crianças crescendo com medo?"

"Tudo isso é política, meus jovens; política!", respondeu. Tudo bem um político aposentado ser tão complacente, mas prometeu que o pacote do chá da paz teria seu espaço em 10 Downing Street, residência do Primeiro-Ministro.

Encontramos Bertrand Russell. Foi um momento de júbilo e inspiração. Depois de uma longa conversa e de contarmos as histórias de nossas aventuras, Lorde Russell serviu-nos chá com bolo conclamando: "Faça chá, não faça guerra!".

Cruzamos o Atlântico a bordo do transatlântico Queen Mary, graças ao apoio financeiro de vários grupos de paz do Reino Unido, e chegamos a Nova York. De lá, caminhamos até Washington. O Presidente Johnson nomeou seu assessor especial, o Sr. Brooks Hays, para nos recepcionar na Casa Branca, onde fomos cordialmente recebidos. Em comparação ao Kremlin, a Casa Branca parecia nova e bem menos espetacular, mas a política de ambos os locais não era diferente.

"Os Estados Unidos lideram as negociações de paz em todos os fóruns internacionais", declarou Brooks Hays. "São os soviéticos que criam obstáculos. Vocês já estiveram lá, tenho certeza de que sabem como eles são. Comunismo e paz são termos contraditórios... o que podemos fazer?"

Se o Presidente Johnson tinha um assessor especial com uma mente tão fechada, qual a esperança de haver paz, pensei. Mesmo assim, recebemos a incumbência de fazer com que o pacote do chá da paz fosse apreciado pelo Presidente.

Fizemos o melhor possível para sermos embaixadores dos operários da fábrica de chá do Mar Negro, e esse poderoso chá da paz ainda está em ação. Nenhuma arma nuclear foi usada e vamos torcer para que isso jamais aconteça. Contudo, essas bombas ainda existem e, enquanto estiverem lá, continuarei a agir em prol do desarmamento. Essa é minha promessa de ativismo de paz.

Ao caminhar quase 13.000 quilômetros por quinze países, percebi que a paz é um estado de espírito e um modo de vida. Comecei com uma busca pela paz interior como monge jainista e, posteriormente, com uma busca pela paz política com o movimento de Doação de Terras, seguida então por uma busca pela paz mundial ao desafiar as potências nucleares a declararem o desarmamento unilateral. Nesse período, tomei consciência de que sou acolhido pela terra, nutrido pela Natureza e sustentado pelos rios, florestas, flores e pela vida selvagem. A menos que façamos as pazes com o planeta, a paz interior e a paz mundial permanecerão inatingíveis.

Caminhando pelos continentes e conhecendo o funcionamento de nossa civilização moderna, cheguei à conclusão de que a humanidade está em guerra com a Natureza. Durante minha caminhada, testemunhei diferentes sistemas de produção rural industrializada na Europa e nos Estados Unidos, o modo de extração e consumo dos recursos naturais, o desmatamento florestal, a pesca industrial nos oceanos, o envenenamento do solo com agrotóxicos, pesticidas e herbicidas e as emissões de gases do efeito estufa na atmosfera – alterando o próprio clima que mantém nossa vida. Todos esses atos são uma agressão contra a Terra. Portanto, tornei-me não só ativista da paz mas também ecoativista; não apenas peregrino da paz, mas peregrino da Terra; desta forma, meu ativismo inclui a paz interna, a paz mundial e a paz ambiental!

Algo fundamental a perceber é que num planeta finito não podemos nos dar ao luxo de gerar uma quantidade infinita de consumismo, poluição e resíduos. Assim, a vida simples é imprescindível à paz. Ainda que não houvesse escassez de recursos, o crescimento econômico desenfreado geraria uma carga de lixo desnecessário e coisas indesejadas. Referem-se a isso como alto padrão de vida e declaram guerra para proteger tais padrões. Na realidade, trata-se de uma economia bélica, um grave obstáculo a uma vida feliz, confortável, pacífica e livre. Portanto, viver com simplicidade também é um imperativo espiritual.

No caráter, no tipo de estilo, em todas as coisas, a simplicidade é a excelência suprema.

Henry Wadsworth Longfellow

3.
A vida é uma peregrinação

*Fé não é
o apego
a um santuário.
É uma peregrinação
infinita
do coração.*

Abraham Joshua Heschel

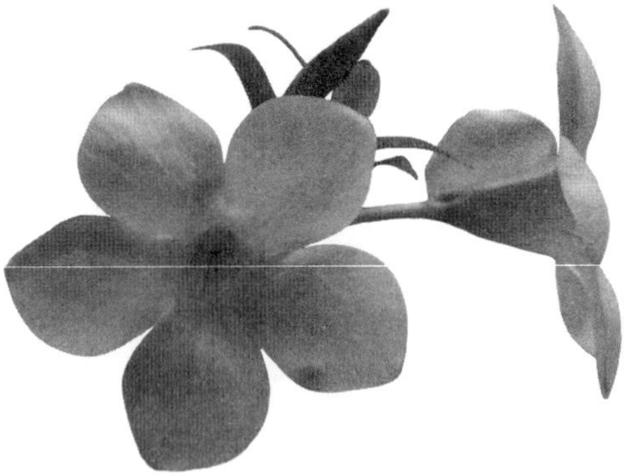

Quando fiz uma peregrinação ao Monte Kailash, no Tibete, caminhei sobre o solo pedregoso, íngreme e montanhoso. Subi 5.639 metros, cruzando uma geleira escorregadia. Em uma peregrinação, muito pouco é planejado, estável ou previsível. Quando as dificuldades surgem, são bem-vindas. Ao nos depararmos com problemas, tratamos de aceitá-los. Problemas são oportunidades de usarmos nossa criatividade, imaginação e engenhosidade. São um teste de resiliência. Desafiam-nos a confiar no universo.

Se tudo for planejado e organizado, se os hotéis forem reservados, os guias e táxis agendados, não teremos de usar nem imaginação nem engenhosidade. Essas qualidades ficarão trancadas em uma caixa. Por exemplo, se tivermos uma mala cheia de roupas bonitas, mas se não houver oportunidade de usá-las, qual o propósito de ter essas roupas? Da mesma maneira, se não tivermos oportunidade de exercitar nossa resiliência e confiança, perderemos algo importante. Diante de dificuldades, um peregrino se pergunta: "Como devo lidar com este problema? O universo me enviou um enigma; deixe-me resolvê-lo com calma. Problemas são bem-vindos, o terreno acidentado é bem-vindo". Peregrinos não querem uma estrada lisa e asfaltada, principalmente quando estão caminhando. E a peregrinação é sempre melhor a pé.

A ideia comum de peregrinação é a de uma jornada a um santuário sagrado ou local santo. Eu mesmo fiz peregrinações como essas. Porém, acabei percebendo que o verdadeiro significado da peregrinação é viver livre de qualquer apego, hábito, preconceito. Livre da confusão física e mental. Fazer uma jornada externa é um lembrete de uma jornada interna, e descobri que estou em constante peregrinação. A vida é uma jornada. Quero viajar pela vida como peregrino.

Duas pessoas que representam meu ideal de peregrino são Mahavira, fundador do jainismo, e Mahatma Gandhi, o pai da Índia. Tiveram uma vida de simplicidade por excelência. Nenhum deles temeu dificuldades. Acreditavam que as dificuldades e os sofrimentos eram um meio de purificação. Uma lenda famosa sobre Mahavira ilustra isso bem: Mahavira nasceu príncipe e tornou-se monge. Renunciou a todos os bens materiais. Seus seguidores sempre queriam que ele fosse a suas casas; consideravam um privilégio poder alimentá-lo. Esmolar alimentos acabou ficando muito fácil, portanto Mahavira se perguntava: "O que preciso fazer para dificultar meu acesso ao alimento?". Acreditava que o medo das dificuldades só poderia ser superado ao passar por elas, ao vivenciá-las.

Então, submeteu-se a uma experiência e, segundo a lenda, fez a seguinte promessa: "Comerei somente se o alimento me for oferecido por uma princesa cujo pai foi derrotado em uma batalha. A princesa precisa ter sido vendida no mercado como escrava e, quando me oferecer uma refeição, deverá trazer lentilha cozida, nada mais. Além disso, seu pé deverá estar acorrentado e os olhos deverão estar em lágrimas. Comerei apenas se tais condições forem atendidas".

É possível imaginar um teste como esse? Um terreno tão acidentado para cruzar? Ele não queria que as pedras fossem retiradas de seu caminho; queria que elas fossem ali colocadas para dificultar sua vida. E assim, foi de casa em casa, de aldeia em aldeia, de cidade em cidade, procurando a tal princesa. Semanas se passaram. Caminhava faminto. Entretanto, Mahavira deparou-se por acaso com uma batalha entre dois reis no território onde estava mendigando. Um dos reis foi derrotado. Os soldados vitoriosos invadiram o palácio, levaram joias, armas, roupas e a princesa. Declararam: "Venderemos a princesa e ganharemos muito dinheiro". Depois, levaram-na ao mercado e a venderam como escrava. Um comerciante a comprou. Um belo dia, teve de viajar a negócios e não queria que a princesa fugisse, por isso algemou seu tornozelo e o acorrentou ao batente da porta da casa. E disse: "Se você sentir fome, deixei aqui um pouco de lentilha cozida. Voltarei amanhã".

Mahavira chegou à aldeia e acabou passando pela casa do comerciante. Percebeu a princesa acorrentada e ela, o reconhecendo, desabafou: "Em meio a tanta desgraça, pelo menos você, Mahavira, grande santo, veio ao meu encontro. Considero-me abençoada! Tenho um pouco de lentilha cozida para lhe oferecer". A princesa estava tão feliz! Mahavira olhou para ela. Era uma princesa, seu pai havia sido derrotado em uma batalha; ela fora vendida no mercado, estava com um dos pés acorrentado e tinha apenas lentilha cozida para oferecer. Todas as condições estavam ali, exceto uma: ela sorria.

"Não posso pegar essa lentilha", Mahavira pensou.

Ao se virar, lágrimas começaram a escorrer dos olhos da princesa. Ela gritou: "Até você, Mahavira, me abandonou em meio à desgraça. Achei que pelo menos você seria gentil e me abençoaria ao receber um pouco de comida de minhas mãos".

Mahavira se virou e viu as lágrimas da princesa. Todas as condições necessárias estavam ali. Unindo as mãos em formato de concha, aproximou-se da princesa, que lhe serviu a lentilha. Nesse exato momento, o céu se abriu. Anjos derramaram pétalas de rosas, celebrando, e a corrente se soltou da perna da princesa. A princesa Chandanbala e Mahavira se iluminaram, e juntos fundaram a religião jainista.

Essa história é uma alegoria. Não deve ser interpretada literalmente. O significado da lenda é que o caminho de um peregrino não é simples nem direto. Envolve esforço. No mundo moderno, buscamos conforto o tempo todo. Esperamos que tudo seja fácil e conveniente. Não queremos enfrentar dificuldades ou nos deparar com problemas. Isso nos deixa acanhados, desprovidos de espírito aventureiro, coragem, determinação e confiança. Hesitamos em assumir riscos. Não temos fé em nossa capacidade de encontrar o caminho no terreno acidentado. Esquecemos que, antes de o ouro se tornar joia, deve passar pelo fogo.

Mahatma Gandhi foi outro defensor da vida simples. Incorporava o verdadeiro espírito do peregrino. Suportou o encarceramento muitas vezes em defesa da liberdade de seu povo. Em 1930, Gandhi protestou contra a lei britânica de tributação do sal afirmando: "Este é um imposto sobre os pobres. Boicotarei a lei e produziremos sal sem pagar impostos". Fez uma peregrinação até o mar, caminhando de seu *ashram* em Gujarat e, ao fazer sal, foi preso e levado ao tribunal. O juiz lhe perguntou: "Sr. Gandhi, o senhor percebe que violou a lei e incitou outras pessoas a fazerem o mesmo? Deverá ser punido". Gandhi replicou: "Meu senhor, sou advogado. Sei que infringi a lei. Declaro-me culpado. Por favor, dê-me a pena mais dura estipulada pela lei. Desobedeci sua lei injusta e imoral. Quero que essa lei seja alterada". O juiz disse: "Certo, Sr. Gandhi, preciso prendê-lo. Mas espero que o governo de Sua Majestade o liberte logo". Gandhi respondeu: "Meu senhor, irei para a prisão da mesma maneira que um noivo vai para a noite de núpcias. A questão não é me libertar da prisão, a questão é mudar a lei".

Gandhi era um ativista peregrino. Estava em um caminho sagrado. Não lutava buscando elogios, fama ou o Prêmio Nobel. Não almejava algum ganho material ou realização pessoal. Gandhi seguia os ensinamentos da *Bhagavad Gita*: "Devemos agir sem desejar o fruto da ação". Assim, era fiel aos ideais de um peregrino, cuja ação deve ser livre do ego.

O ato de peregrinação tem seu próprio valor intrínseco. Peregrino é alguém que age a serviço do planeta Terra e por autorrealização, não para impressionar os outros. Todas as dificuldades, problemas e desconfortos fazem parte da peregrinação. No fundo, os peregrinos sabem que mesmo as horas de grande prazer são temporárias e cessarão. Shakespeare expressou sabedoria profunda ao dizer: "O vento esfolha maio inda em botão"*.

Chegou a hora de vivermos nesta Terra como peregrinos, não como turistas. Os peregrinos aceitam a dádiva da vida e os presentes da Natureza do modo como lhes são oferecidos. Cada momento é um momento de celebração; não há nada de que se queixar. Os peregrinos seguem o conselho: "Não posso mudar a direção do vento, mas posso ajustar as velas para chegar ao meu destino".

Os peregrinos apreciam o sol, a chuva, as flores e frutas, bem como as tempestades, o vento e a nevasca. Aceitam a vida na totalidade. Rabindranath Tagore expressou o ideal de um peregrino quando ao afirmar: "As nuvens surgem flutuando em minha vida, não mais para trazer chuva ou anunciar a tempestade, mas para colorir meu céu no pôr do sol".

Os peregrinos são livres de expectativas; quando não há expectativas, não há frustração. Celebram o momento presente e confiam que o universo tem um plano maior e, portanto, devem confiar no processo do universo. "Tudo ficará bem e todas as coisas ficarão bem", disse Santa Juliana de Norwich.

---

* Tradução de Ivo Barroso. (N. da T.)

Uma peregrinação a um local sagrado é um ato simbólico para nos ajudar a perceber que a vida está sempre em movimento. Ir em direção a um destino sagrado é, em última instância, perceber que o lugar sagrado está dentro de nós. O externo e o interno são apenas um; ficar e partir são uma única coisa. Ao fazermos uma jornada externa, fazemos uma jornada interna.

Munidos do espírito de celebração e confiança, os peregrinos participam do processo da vida, participam da transformação, assim como fizeram Mahavira e Mahatma Gandhi. Portanto, a vida de um peregrino não é passiva, muito pelo contrário: é uma vida de ação e de serviço altruístas.

Para mim, a simplicidade elegante tem suas raízes na ideia da peregrinação. Ser peregrino é cultivar tanto a simplicidade externa quanto a simplicidade interna. A simplicidade interna fornece uma base profunda para a simplicidade externa.

Agora, vamos explorar a conexão entre simplicidade e espiritualidade.

O simples pode ser mais difícil que o complexo. É preciso se esforçar muito para simplificar. Mas no final valerá a pena, pois, quando você chegar lá, poderá mover montanhas.

Steve Jobs

4.
Simplicidade elegante

*Qualquer idiota
pode complicar as coisas;
é preciso ser um gênio
para simplificá-las.*

E. F. Schumacher

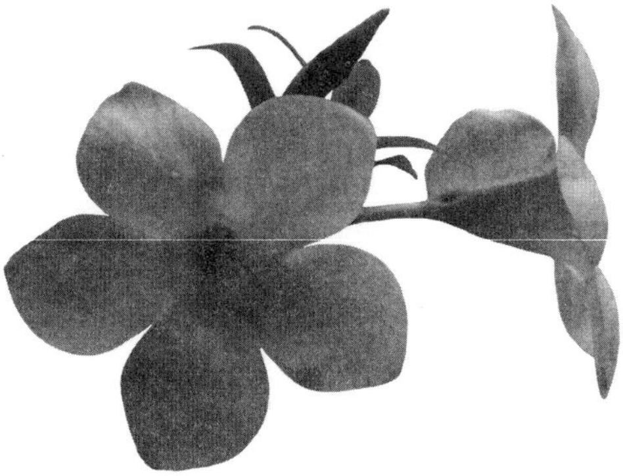

Simplicidade é um modo de vida em atenção plena. No nível mental, no nível dos sentimentos e dos relacionamentos, no nível da casa, das roupas e da alimentação – em todos os níveis – devemos nos perguntar: "Como posso simplificar a vida?".

Atualmente, nos negócios, na política e na economia, complicamos muito a vida. Isso sobrecarrega os ombros, deixa-nos cheios de ansiedade e preocupação. Portanto, é imprescindível perguntar: "Como posso simplificar minha vida?". Só de fazer essa pergunta todos os dias, poderemos encontrar uma reposta que leve à simplicidade. Ideias e pensamentos complicados que não saem da cabeça geram confusão. Temos de nos acalmar e perguntar: "Preciso passar por tudo isso ou posso ir direto ao âmago da questão? Quando estivermos falando com alguém, será que podemos ir direto ao ponto? Podemos ser claros e simples?". A simplicidade da mente, da fala e da ação é um contínuo. Uma vida simples é uma vida espiritual.

Simplicidade material não significa pobreza. Uma vida simples, sem desordem, não significa abrir mão de uma vida confortável. Existe uma elegância inata em minimizar os bens e maximizar o conforto. O excesso gera caos, a simplicidade traz clareza. Simplicidade é a aceitação voluntária de limites. No Japão existe o belo conceito de *wabi sabi*. Quer dizer "despretensioso, descontraído e modesto". As coisas não precisam ser refinadas, glamourosas, vistosas ou extravagantes. Podem ser rústicas e básicas. Podem ser naturais e mínimas. *Wabi sabi* é um modo de praticar a simplicidade elegante. Segundo Paulo Coelho: "A elegância é atingida quando todo o supérfluo é descartado".

Ser minimalista é lindo. Ao falar, é melhor usar poucas palavras. O *haiku* japonês é bem curto. Grandes poemas prescindem de muitas palavras. A boa poesia é feita de palavras simples e mínimas, elegantes, eloquentes e significativas. Em sânscrito, pensamentos profundos são expressos em pequenos sutras e em mantras até mais curtos. Às vezes apenas uma palavra, como "Om", já é o bastante.

Na Índia temos o ideal de *satvik*, que significa "autêntico, simples e verdadeiro". A comida *satvik* é natural e vem direto de uma horta ou dos campos, sem muita embalagem. A embalagem complica as coisas. Um supermercado é complicado demais. Podemos ir até lá para comprar um ou dois itens e acabamos comprando dez. Entretanto, se formos a uma lojinha simples ou a um mercado municipal onde não há plástico, etiquetas, logotipos, propaganda, onde as coisas são simples e *satvik*, traremos para casa só o alimento necessário e o prepararemos com amor, carinho e atenção. Uma comida como essa é deliciosa, saudável e fácil de digerir.

Onde há simplicidade, há autenticidade. Roupas simples são roupas que nos mantêm aquecidos ou frescos, dependendo da estação. Entretanto, quando você compra roupas com base na grife, a simplicidade se perde. Você vai a uma loja sofisticada e paga uma fortuna por uma camisa que você poderia comprar em uma loja simples por um preço muito mais barato. Com uma roupa de marca, você paga pelo nome e pelo glamour, não pela camisa. Você veste o ego, não o corpo. Às vezes isso é chamado de *power dressing**.

É comum as compras tornarem-se um hábito e, para mantê-lo, temos de trabalhar muito para ganhar mais dinheiro, comprar mais coisas para, no final, colocá-las no sótão e nos esquecer delas.

Atingir a simplicidade externa pode ser mais fácil se trabalharmos ao mesmo tempo com a simplicidade interna. A simplicidade do pensamento e da mente reduzirá o desejo por coisas materiais. O

---

* Movimento *power dressing*. Visa emprestar um aspecto de poder e afluência. [N. da R.]

oposto de um estado mental simples é ser possuído pela ambição de ser reconhecido, ter fama, prestígio e poder. O ego complica nossa vida e nossa mente. Como *eu* posso ter poder? Como *eu* posso ficar famoso? Ficamos obcecados por essas questões.

A simplicidade leva à humildade. A humildade leva a relacionamentos corretos, à comunicação correta, à compreensão correta, à apreciação correta. São qualidades da alma. Se não quisermos complicar a vida, precisaremos então mudar o foco do *ego* para *eco*. O ego separa, e o eco conecta. O ego complica, o eco simplifica. *Eco* significa "casa", lugar onde as relações são nutridas. Quando ficamos travados no ego, nos desconectamos dos outros.

A simplicidade elegante praticada em todos os níveis – físico, material, mental e espiritual – é a chave. Quando simplificamos a vida em todos os âmbitos, podemos viver em liberdade. Organizar a confusão emocional, mental e material é essencial à liberdade.

Agora já temos até o Dia Nacional da Simplicidade (12 de julho), descrito como "um momento para dar um passo atrás e começar a simplificar a vida". Seus adeptos sugerem que "comecemos desacelerando o ritmo, em sintonia com a Natureza, apreciando as coisas simples da vida, removendo excessos e buscando o equilíbrio. Ao fazer isso, você começará a usufruir de muitos prazeres que reduzem o estresse e dos benefícios de um estilo de vida simples".

Podemos aprender a simplicidade com a Natureza. Plantamos uma semente; em seguida, o solo, a chuva e a luz do Sol trabalham juntos e essa semente torna-se uma árvore. A árvore tem galhos, flores, folhas e frutos. Quando chega o outono, todas as folhas caem, fornecendo nutrientes para o solo. No inverno, a árvore descansa e adormece, hibernando. E depois surge a primavera e a árvore fica exuberante de novo. A árvore não é ambiciosa, a árvore não quer ser algo além do que é; a árvore quer somente ser árvore, só isso. Uma macieira quer ser macieira e fica simplesmente feliz em ser assim. Não precisa ser mais nem menos. Não importa o que seja; é o que é. Na vida, também podemos ser nós mesmos; sem ambição, ansiedade, ego ou desejo. Sem termos de lutar por algo que não somos.

Hamlet, de Shakespeare, questiona: "Ser ou não ser?". A resposta que ainda estamos procurando é ser quem já somos. Sermos nós mesmos. Eu sou. Eu sou eu mesmo. A jornada de autodescobrimento é uma jornada em direção à simplicidade, uma jornada em direção à fonte. Da fonte, a água flui, os afluentes se formam. Surge a família, amigos, colegas. Tudo se une ao grande rio da vida. Essa simplicidade leva a uma vida de abundância.

A espiritualidade nos ajuda a ser simples. O materialismo é complicado. O materialismo envolve acúmulo e posse. O status é determinado com base nos bens. Reis e rainhas possuem palácios e castelos. Têm uma quantidade imensa de terras, empregados e criados. Para eles, é difícil levar uma vida simples. Do mesmo modo, a vida de muitos bilionários *nouveaux riches* tampouco pode ser simples – possuem várias casas, empregados e assessores. Estão sob grande pressão e não podem fazer o que querem de fato. Estão praticamente encarcerados. Agora que o Presidente Obama deixou a Casa Branca, decerto tem mais liberdade para fazer o que quer, dizer o que bem entende, escrever o que lhe vem à cabeça. Antes de ser eleito presidente, escreveu um livro maravilhoso – *A Audácia da Esperança*. Porém, ao assumir a presidência, perdeu um pouco dessa audácia e esperança.

Tomemos o exemplo de líderes espirituais, como Jesus Cristo, o Buda, São Francisco, Madre Teresa, Martin Luther King e Mahatma Gandhi: todos eram espíritos livres. Levavam vidas muito simples.

Mahatma Gandhi usava uma tanga e fiava algodão para suas próprias roupas. Usava um xale no inverno e no verão andava nu da cintura para cima. Quando viajava de trem, ia na terceira classe. Uma vez lhe perguntaram: "Por que viaja na terceira classe, Sr. Gandhi?". Ao que respondeu: "Viajo na terceira classe porque não existe quarta classe!". Ele foi um grande exemplo de simplicidade devido à sua proximidade com as pessoas, por ser natural, comum. Ser comum é a coisa mais extraordinária que podemos fazer na vida. Ao sermos comuns, abandonamos o ego e o desejo de que alguém nos admire. Não dependemos da opinião dos outros. Se nos julgam ou criticam, isso é problema deles. Se acham que você não tem sucesso por não ter uma casa ou um carro grande o bastante, essa é a percepção deles. Não é problema seu. Queremos viver com simplicidade e alegria; é isso que importa. Se estivermos à vontade com nós mesmos, teremos o suficiente.

Em nosso sistema educacional, somos avaliados pelos professores. Mais tarde, em uma entrevista de emprego, somos avaliados mais uma vez. Alguém decide quem é bom, quem é melhor e quem definitivamente não é bom. Fomos condicionados a nos apresentar para sermos avaliados por alguém – nossos pais, professores, chefes ou colegas. O autoconhecimento nos dá força para que não precisemos ser julgados pelos outros ou avaliados pelos padrões superficiais do mercado. Temos de adotar nossos próprios padrões e nossa própria visão para celebrar a dignidade fundamental da vida humana.

Consciência de si mesmo, autoaceitação e autoapreciação fazem parte de uma vida simples. Quando não temos expectativas, não nos desapontamos. A simplicidade não tem fórmula nem técnica. Cada um de nós tem de encontrar seu próprio caminho. Não há uma regra única a ser seguida por todos. É o processo de toda uma vida, sem destino final. Não precisamos nos preocupar a respeito de quando atingiremos um estado perfeito de simplicidade. Estamos em uma jornada, uma peregrinação. Dia após dia, focando na simplicidade da mente, do pensar, falar, sentir, da ação, alimento, roupas, casa, intenção e relacionamentos. Com atenção constante, desenvolvemos um estado natural e despretensioso de simplicidade.

Precisamos reconhecer que nosso cérebro é formado por dois hemisférios. O hemisfério esquerdo é racional, ambicioso e calculista. O hemisfério direito lida com a imaginação, intuição, sentimentos e espírito. No estado de simplicidade elegante, esses dois hemisférios unem-se em equilíbrio e harmonia.

A simplicidade não é apenas do exterior, mas do interior também. Estamos sempre envolvidos em alguma coisa, fazendo, pensando e sentindo. Em todas essas atividades, devemos cultivar a simplicidade implícita e explícita. Como ser simples ao cozinhar, cuidar do jardim, tomar banho ou arrumar a cama? Temos de realizar cada ação, da pequena à grande, com um toque leve, com um impacto pequeno. Na hora em que adicionamos peso às coisas, a vida fica mais complicada. Simplicidade significa fluir pela vida do mesmo modo que um rio flui pela paisagem.

Complexidade não é o mesmo que complicação. A complexidade é natural e bela. Simplicidade e complexidade se complementam. O corpo humano é bem complexo, tanto quanto seus micro-organismos e bactérias. Ao mesmo tempo, o corpo também é muito simples. Todos cuidamos muito bem dele. Alimentamo-nos, tomamos banho, cuidamos da higiene, vamos ao banheiro e dormimos; fazemos tudo de maneira simples e administramos essa estrutura complexa. Não precisamos ser PhD para cuidar do corpo.

A existência é complexa e, ao mesmo tempo, simples. São os acadêmicos e os economistas que complicam as coisas. Por exemplo, o processo de tecer um tapete é complexo e detalhado. Todos os fios e cores são entrelaçados e, ainda assim, um tecelão tradicional produz um trabalho complexo sem um diploma universitário. Com atenção e consciência, os tecelões tornam o complexo em simples.

Tal simplicidade tem suas raízes na consciência, que significa "saber junto". A consciência nos conecta com o passado, presente e futuro, com nossos ancestrais e com as futuras gerações, com o tempo e o espaço, com a matéria e o espírito. A consciência é a base da nossa relação elegantemente simples com o universo. Na filosofia hindu, a consciência é o princípio fundamental, de onde emergem o universo e todas as nossas ações dentro dele. O Sol, a Lua, as estrelas, planetas, galáxias, árvores, oceanos, montanhas, animais e humanos são todos manifestações da consciência. A questão complexa da origem tem uma resposta simples. A consciência invisível manifesta-se em formas visíveis. A consciência é a realidade suprema. É a mente cósmica. A mente humana íntima está ligada à mente universal suprema. Da suprema à íntima e vice-versa, não há lacuna, não há desconexão. Poderíamos chamar essa mente cósmica de mente de Deus, dentro da qual tudo se funde e submerge. E emerge novamente. Nessa realidade cósmica, há uma ordem implícita. O que parece ser caótico é, na realidade, organizado. Essa ordem mantém trilhões de formas de vida, pequenas e grandes. Possui grande simplicidade.

Não devemos temer o caos em nossa vida. Quando o temermos, desenvolvemos sistemas complicados. Agora nossa vida é controlada pelo relógio, pela agenda, por compromissos. Minha mãe não tinha relógio. À noite, sabia as horas só de olhar para as estrelas. Sua vida era simples. Minha vida é complicada em comparação à dela. Sua mente era um pouco selvagem. Eu me tornei tímido e organizado. Aparo meu jardim. A grama, as árvores, as flores são organizadas. Tudo parece em ordem, mas não possui a qualidade de *wabi sabi*. Há um paradoxo aqui: o que pode parecer desordem tem uma ordem implícita, e o que parece em ordem é complicado. Uma floresta parece um caos, mas existe uma ordem implícita, auto-organizada e autogerida. A vida da minha mãe e a vida da floresta se assemelham.

A prática da simplicidade requer espontaneidade e improviso. Por exemplo, quando alguém vem me procurar, se eu for escravo da minha agenda, naquele momento direi: "Você não agendou horário. Não posso recebê-lo agora. Estou ocupado". Minha mãe jamais diria isso. Na tradição indiana, a palavra para convidado é *atithi*, "aquele que chega sem hora marcada". Em cada situação, precisamos dar espaço para o não planejado, o evento inesperado; ser flexíveis e espontâneos. Vamos improvisar! Nem tudo tem de estar anotado. Novas coisas estão sempre surgindo. Sejamos capazes de acolher uma emergência. Quando algo novo acontece, podemos dar-lhe as boas-vindas. Há um tipo de música no Paquistão chamada *qawwali*. É uma improvisação. Há um vocalista e alguns cantores de apoio; há uma conversa constante entre eles. Existe certo elemento selvagem nessa música. A música clássica indiana também é improvisada. Não existe partitura. Minha mãe diria que a vida é como música – há escalas, padrões, mas não há partitura. A vida nos pede para tocar e improvisar.

A espontaneidade e o improviso libertam-nos das preocupações. A preocupação dissipa nossa energia. Precisamos cultivar o hábito de não nos preocuparmos. Por que se preocupar com o passado? Temos de nos desapegar do passado. Tampouco é necessário se afligir com o futuro. Khalil Gibran disse: "O ontem não é nada mais que a lembrança de hoje; o amanhã é o sonho de hoje". Só o presente é real. É por isso que é chamado de "presente" – porque é uma dádiva. Precisamos responder à situação em que nos encontramos. Há uma fórmula para isso: 10% do pensamento pode se preocupar com o passado, 15% com o futuro e os 75% restantes com o presente. Quando vivemos principalmente no presente, podemos nos movimentar com mais facilidade, passo a passo. Podemos responder às situações com o coração e a mente abertos. Inquietar-se com o passado ou com o futuro drena nossa energia, impedindo-nos de responder de forma plena à próxima situação. O presente é um momento poderoso. Vivamos o momento presente da melhor maneira possível!

Para isso, precisamos acreditar. Acreditar que seremos capazes de lidar com o futuro quando ele chegar. Não temos de tratar dele agora. Não precisamos antecipar problemas. Eles podem acontecer, ou não. Temos o potencial de cuidar do futuro não importa o que ele nos traga – algo bom ou ruim, negativo ou positivo. Temos imaginação, temos capacidade. Lembre-se: não importa o quanto planejemos, esse plano poderá não dar certo. Portanto, para que tanto planejamento? Tenha apenas uma pequena ideia do futuro. Se nosso planejamento for excessivo e o plano não der certo, ficaremos desapontados.

Em vez de tanto planejamento, tenhamos uma visão. Uma visão é como um sonho. Deixe que o plano evolua passo a passo a partir da sua visão. Deixe que o futuro seja como tiver de ser. Segundo Joseph Campbell: "Devemos deixar de lado a vida que planejamos para aceitar a que nos aguarda". Não ser inflexível nem dogmático com os planos tem sua própria magia, sua própria energia. Quando deixamos que as coisas aconteçam, milagres podem ocorrer. Se planejarmos com muita antecedência, poderemos acabar bloqueando os milagres. Quando tudo é planejado, não há espaço para que algo novo surja. É mais fácil abraçar a simplicidade se seguirmos o caminho do planejamento mínimo e o da improvisação máxima.

O significado de simplicidade elegante é profundo e não tem nada a ver com austeridade rigorosa, escassez, privação ou abnegação. Pode parecer paradoxal, mas a dádiva da simplicidade é a dádiva da abundância. Quando nos damos conta de que o suficiente já basta, já temos mais do que o suficiente. A simplicidade traz suficiência ao invés de extravagância, conforto no lugar de conveniência, contentamento em vez de avidez, reconciliação em vez de ressentimento.

Richard Gregg, amigo de Mahatma Gandhi, cunhou a expressão *simplicidade voluntária*. Quer dizer sinceridade e honestidade interna, bem como redução da bagunça material externa; significa evitar o excesso de bens irrelevantes ao principal propósito da vida; restringir algumas direções para garantir maior abundância em outros aspectos da vida, como dispor de tempo para se dedicar à música, poesia, jardinagem, tempo para os amigos etc.

Podemos atingir essa visão abrangente da simplicidade na vida evitando a produção e o consumo em massa. William Morris traduziu essa visão por meio do movimento de artes e ofícios, pela manifestação da imaginação pelo trabalho, pela confecção manual, pela produção de objetos simples porém elegantes para uso diário. Abordarei melhor este aspecto da simplicidade no próximo capítulo.

Tenho apenas três coisas a ensinar: simplicidade, paciência e compaixão. Essas três são seus maiores tesouros.

Lao Tsé

5.
Uma sociedade de artistas

Este mundo nada mais é que uma tela para nossa imaginação.
Henry David Thoreau

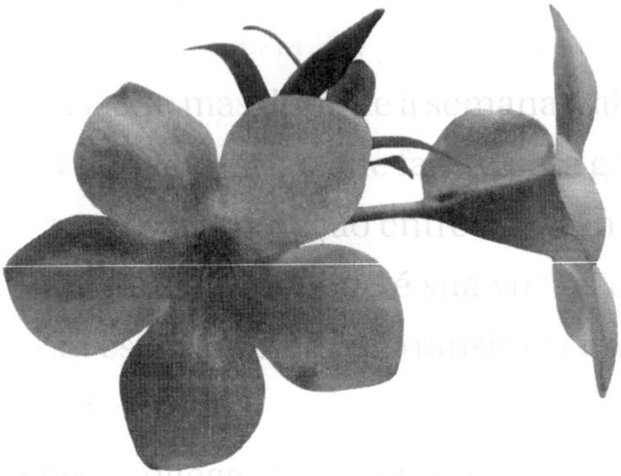

Houve um tempo, na Índia, em que muita gente estudava várias das 64 artes de viver, quando não todas. Entre elas estava a arte de preparar a cama para dormir, tomar banho, adornar o corpo, fazer amor (*Kama Sutra*), cuidar da família, acender o fogo, adorar o templo, respirar, meditar, cantar, dançar, pintar, construir uma casa, cultivar alimentos, cozinhar, fazer móveis e muito mais.

Dedicando-se a essas 64 artes e meios hábeis de agir no mundo, os alunos aprendiam a satisfazer tanto suas necessidades físicas como emocionais, intelectuais e espirituais. Não havia distinção entre as artes que atendiam à dimensão do espírito e as que satisfaziam o plano emocional e físico.

Quando fazemos um vaso ou uma escultura, estamos nos fazendo. Quando cultivamos o solo, também cultivamos a alma. Enquanto plantamos alimentos no campo, também cultivamos a paciência dentro de nós. As artes internas e as artes externas são dois aspectos de uma única realidade. As artes do fazer e as artes do ser se complementam e nos dão uma sensação de realização, contentamento e satisfação. Ser artista é ser criador, e vice-versa.

Só temos permissão para consumir quando participamos desse processo de criação. Nesse paradigma, que transforma funcionários e consumidores em artesãos e artistas, as pessoas trabalharão em cooperativas, livres de hierarquias. O relacionamento substituirá a ideia de propriedade. Tal sistema não considerará os seres humanos donos dos recursos naturais. Os recursos naturais estão aqui como dádiva. Nós, humanos, receberíamos essas dádivas com gratidão e as utilizaríamos com cuidado, compartilhando-as não apenas com todos os membros da comunidade humana, mas com todos os seres vivos da comunidade Terra.

Os artistas não procuram um emprego ou cargo; buscam um modo de vida correto e, portanto, geram um impacto humano leve na Terra viva. Quando a sociedade é composta por artistas, o propósito da economia torna-se a satisfação das necessidades genuínas de cada um, não a ganância falsa de poucos. Há o suficiente para atender às necessidades de todos, mas não para a ganância de alguém em particular. Tudo existe em abundância, pois a Natureza é abundante. Na sociedade dos artistas, não há desperdício nem poluição, da mesma maneira que não há desperdício nem poluição na Natureza. Seja qual for o presente que os artistas recebam da Natureza, a ela o devolvem. Todas as suas atividades são regenerativas e renováveis. Sonho com uma sociedade de artistas que, acima de tudo, pratiquem a arte de viver. Ao cultivarmos as artes do viver, traremos mais simplicidade, harmonia, alegria e contentamento à vida.

Quando fazemos algo com as próprias mãos, criamos beleza naturalmente. Porque abandonamos a arte do trabalho manual, acabamos rodeados de feiura. O modo industrial de produção em massa criou uma civilização feia. Somos regidos por números, obcecados pela economia e possuídos pela velocidade – todos os inimigos da beleza. Há um monstro assombrando o mundo moderno – o monstro do materialismo feio. A deusa da beleza desapareceu da casa da humanidade. Quando estamos desprovidos de beleza, também estamos desprovidos da verdade. "Beleza é verdade, verdade é beleza", nas palavras do poeta inglês Keats. A ausência da beleza e da verdade está na raiz da decadência de nossa era.

Somente a arte, ou seja, o trabalho manual, pode curar os problemas da humanidade. A arte sempre pode lavar a feiura da nossa civilização. É a arte que pode derrotar as forças do materialismo e restabelecer o estado da beleza. É a arte que pode revelar os segredos da imaginação e nos libertar da escravidão da ganância, da velocidade e da confusão. "A crise ecológica é uma crise estética", afirmou o saudoso James Hillman, psicólogo norte-americano. Ao recuperarmos a estética, restabeleceremos o equilíbrio ecológico. Lamentavelmente, porém, até mesmo a arte caiu nas mãos dos espertos e astutos. Atire fezes de elefante em um quadro da Virgem Maria e você se tornará um artista famoso. Leve sua cama desarrumada à Tate Gallery e venda-a como obra de arte por uma fortuna. Isso demonstra como o mal da civilização permeia todas as esferas da vida. A arte foi sequestrada pela indústria do entretenimento e do dinheiro.

Esquecemos a sabedoria de Henry James, que disse: "É a arte que faz a vida". Separamos a arte da vida diária e a aprisionamos em galerias e museus. Chegou a hora de libertarmos a arte do sensacionalismo e do comercialismo e recuperarmos sua integridade, autenticidade e significado.

De acordo com Ananda Coomaraswamy, "um artista não é um tipo especial de pessoa; cada pessoa é um tipo especial de artista". Fazer tarefas domésticas, cozinhar, dançar, cantar e cuidar do jardim são algumas formas de arte que negligenciamos por nossa própria conta e risco. No *Kama Sutra*, para ser um bom amante – seja homem ou mulher – é essencial aprender as 64 artes de viver e amar. Como agradar seu amado se você não sabe cultivar flores nem fazer um belo arranjo floral para deixar ao lado da cama?

Não é só a palavra "artista" que significa "criador"; a palavra "poeta" também significa "criador", assim como *autopoiesis*, termo grego que significa "autocriado". Poesia não é apenas um conjunto de palavras imaginativas em uma página; cada ato imaginativo é um poema. *Poiesis* surgiu primeiro como verbo, não como substantivo, indicando uma ação que transforma o mundo. O trabalho poético reconcilia o pensamento com a matéria e o tempo, e as pessoas com o mundo – uma bela visão da unidade por meio da criação.

    A Natureza é a poesia de Deus, a arte de Deus. Deus age pelas mãos de um jardineiro, que cria seu jardim como obra de arte. Da mesma maneira, produzir energia solar, organizar a economia ou administrar uma escola também são formas de arte. Arte é um estado de espírito. Quando fazemos algo bem, sem sermos levados pelo desejo de fama, dinheiro ou poder, nosso trabalho torna-se uma obra de arte. Cientistas, políticos e empresários tornam-se artistas quando fazem seu trabalho com amor e imaginação. James Lovelock, criador da Teoria de Gaia, disse-me certa vez: "Pratico ciência como artista. Não obedeço a ordens de governos ou corporações. Sigo minha intuição, minha inspiração e, acima de tudo, minha imaginação". O escultor e artista da terra Richard Long me contou: "Caminho como artista". Assim, caminhar em atenção plena torna-se uma forma de arte.

    Certo tempo atrás, visitei uma comunidade aborígine na Austrália. Perguntei-lhes: "Qual o seu trabalho? Como vocês ganham a vida?". Responderam: "Somos todos artistas aqui". Fiquei encantado! Quantas comunidades no mundo podem alegar isso?

    Uma ocasião, Bertrand Russell visitou uma aldeia indígena na África. Durante o dia, os habitantes trabalhavam nos campos. À noite, faziam uma refeição simples, basicamente painço e um pouco de carne com vinho caseiro. Se comparado ao jantar de três pratos que o visitante costumava fazer, isto era um tanto básico. Foi então que começaram a cantar. Continuaram cantando. E depois começaram a dançar. Russell olhou para o relógio. Os moradores da aldeia não tinham relógio, mas Russell tinha. Eram 10 horas da noite. E depois, 11 horas, meia-noite. Seus anfitriões continuaram cantando e dançando, estavam felizes e se divertindo. Russell nunca tinha se deparado com tamanha alegria. Ninguém lá se preocupava com os problemas do mundo. Os membros dessa tribo tinham poucos (se é que tinham) problemas mentais ou físicos e não sentiam falta de bens materiais. Russell disse: "Queria ter nascido aqui, livre da minha angústia e ansiedade!".

As culturas indígenas não têm uma palavra para arte, da maneira como a entendemos no mundo ocidental. Para elas, algo bem feito, com imaginação e habilidade, é arte, sem ser denominada como tal; a arte faz parte da vida diária. Entretanto, nossa civilização utilitária e industrial tirou as artes da vida cotidiana. A arte tornou-se luxo. Para a maioria de nós, pintura, desenho, dança, canto e teatro não fazem parte da vida diária. Praticamos como hobby, ou tornam-se a profissão de poucos privilegiados. No entanto, a arte de viver é a maior de todas as artes. Arte significa "fazer ou manifestar com imaginação, com criatividade e com o coração". Há uma relação muito próxima entre cada tipo de arte, sejam as belas-artes ou o artesanato.

Nas culturas nativas, a arte não é hobby nem luxo, mas ingrediente essencial do ser e da vida diária. As obras de arte não são encontradas em museus e galerias, mas em casas e campos, como objetos de uso corriqueiro. A arte nativa revela uma combinação de habilidade e atenção amorosa. Fazer algo com amor significa render-se aos materiais e ao processo. Não há contenção. Esse tipo de trabalho abre mão do controle, permitindo que algo surja. A habilidade surge pela prática regular, quando os artesãos se dedicam ao trabalho, dia após dia. Fazer algo com atenção plena é como uma meditação. A mente precisa estar por inteiro presente no momento da execução. Assim, o artesanato é um modo de celebrar a vida, a comunidade, a cultura e a Natureza. Não há hierarquia nem divisão entre as artes e os trabalhos manuais.

Estamos muito longe dessa compreensão de arte. No mundo moderno, o artista tornou-se mais importante que a própria arte. Na Idade Média, a arte era criada por "amor a Deus". Mais tarde, passou a ser praticada por "amor ao homem". A era moderna promoveu a ideia da arte por "amor à arte" e, na era pós-moderna, quando a arte conceitual impera, a arte é por "amor ao artista". Tenho dificuldade em chamar algo de "arte" quando não envolve habilidade, beleza nem trabalho manual. Por que não chamá-la de "conceito" em vez de corromper o tão amado ideal da arte? A arte não pode se divorciar da integridade, da verdade, da beleza, da vida. Arte não é um mero conceito, é um modo de vida.

O divórcio entre a arte e a vida começou quando os artistas começaram a exigir um status mais elevado que o dos artesãos, separando-se de seus companheiros e companheiras de ofício. Quando a arte tornou-se símbolo de status, desconectou-se da vida diária. A arte passou a se desenvolver separado, para ser praticada tão só por pessoas com talentos "especiais" e adquirida apenas por aqueles que possuíam grande patrimônio. Assim, a arte tornou-se mais um item de consumo, uma *commodity* a ser comprada e vendida, um objeto para investimento, deixando de ser um modo de vida praticado por todos, uma atividade do cotidiano.

Estamos no limiar de uma nova revolução, um novo despertar, no qual queremos restabelecer a relação entre a arte e a terra onde vivemos, as roupas que usamos e as coisas que fazemos. Surge um novo movimento de artistas, como Andy Goldsworthy, Susan Derges, Richard Long, Chris Drury e Sandy Brown, entre outros, no qual a vida, a Natureza e a arte são um contínuo ininterrupto. Quando a arte é parte da vida de cada um, pode cicatrizar as feridas da alma infligidas por uma feia civilização de excessos e consumo.

Somente ao reconectarmos cultura com Natureza, utilidade com beleza, produção artesanal com consumo e arte com artesanato, poderemos lutar para nos libertar da tirania do dinheiro, do materialismo e da produção em massa.

A arte tem o poder de transformar. Artistas são alquimistas. Transformam o material de base em objetos de beleza, utilidade e deleite. Ceramistas pegam uma massa de argila comum e revelam a habilidade extraordinária desse material de tornar-se um vaso de puro prazer visual, bem como um recipiente para cumprir as funções diárias de armazenar água e vinho, alimento e flores. Os pintores utilizam pigmentos vermelhos, azuis e amarelos sem nenhuma característica especial, colocam em um pote ou no papel, em uma parede ou tela, e surge uma obra encantadora, seja no âmbito da arte popular ou das belas-artes.

Os materiais utilizados por um grande número de ceramistas, pintores, escultores e cesteiros costumam ser baratos, naturais e disponíveis na região. É o poder da paciência e da prática, o poder da imaginação e da resistência, o poder das mãos, pés e da voz e, em última instância, o poder do espírito humano, que transforma hastes de salgueiro em cestas, rochas em esculturas, madeira em armários, som em música e palavras em poemas. A alegria inerente a isso é o fato de que todos somos alquimistas em potencial. Todos temos a capacidade de nos tornar artistas e artesãos.

Da mesma maneira que o artesão pode transformar argila em vaso, a argila transforma o artesão em ceramista. A capacidade de a argila transformar homens comuns e sem formação em sábios evoluídos e autorrealizados, como Bernard Leach e Lucie Rie, é magnífica. Se não houvesse argila, não haveria ceramistas famosos, como Michael Cardew; se não houvesse tinta, não haveria Picasso; se não houvesse flores, não haveria Vincent van Gogh ou Georgia O'Keeffe. Assim como o artista é um alquimista, transformando o comum em extraordinário, é o material que provoca a metamorfose no artesão. Por mais que admiremos o artesão, também precisamos respeitar e admirar o material e, ao fazê-lo, transcendemos a divisão entre belas-artes e arte popular, entre artista e artesão. É sempre a intimidade entre o criador e o material que revela a imaginação, a criatividade e a espontaneidade.

A arte não é uma profissão, é um meio de subsistência correto, no qual profissão e vocação se fundem. Uma economia baseada em artes e produção manual é uma economia resiliente, uma economia de paz. Quanto mais cedo abraçarmos as artes e o artesanato como parte integrante de nossa vida econômica, mais cedo poderemos lidar com o mal-estar ambiental e espiritual de nossa era. Uma economia de produção e consumo em massa é uma concorrência acirrada, sem fim, que gera um descontentamento ilimitado, distante da realização e satisfação que podemos obter quando fazemos as coisas com as próprias mãos.

A ansiedade, a falta de sentido e a depressão de que tanta gente sofre são causadas por falta de criatividade. A civilização industrial moderna é a inimiga da imaginação. É a destruidora das artes, do artesanato, da cultura e da criatividade da maioria das pessoas. A minoria que persevera na prática do artesanato luta para sobreviver ou é forçada a comercializar sua arte e a buscar o status de celebridade.

Ser empregado é totalmente diferente de ser artista. Uma sociedade na qual todos podem ser artistas requer uma organização completamente distinta da encontrada na sociedade moderna. No sistema atual, o que impera é a economia, não a imaginação e a criatividade. A economia exige que sejamos consumidores de bens de produção em massa para acelerar o crescimento econômico. Uma sociedade baseada na ideia de todos sermos artistas requer que nos tornemos criadores e produtores a fim de que possamos atingir o bem-estar pessoal, social e ecológico. Nesse sistema ideal, a economia seria serva da humanidade, e não seu mestre. Em minha visão de mundo, uma vida de simplicidade elegante se construiria no sólido alicerce das artes e dos trabalhos manuais. Precisamos nos distanciar da automação, do industrialismo e dos sistemas robóticos. Precisamos abraçar o ideal do fazer consciente.

Quando o fazer consciente torna-se a base da nossa cultura, o trabalho artesanal se converte numa prática espiritual. Honramos o mundo material e, dessa forma, desenvolvemos a noção do sagrado. Na cultura indiana, chamamos isso de *karma yoga*, o "yoga da ação". No próximo capítulo, explicarei o significado dessa prática vital e visionária. O caminho da simplicidade elegante é consequência natural do *karma yoga*.

Sinto que a simplicidade da vida consiste em ser apenas você mesmo.

Bobby Brown

6.
Yoga da ação

A vida é um processo, não um produto.
Brian Goodwin

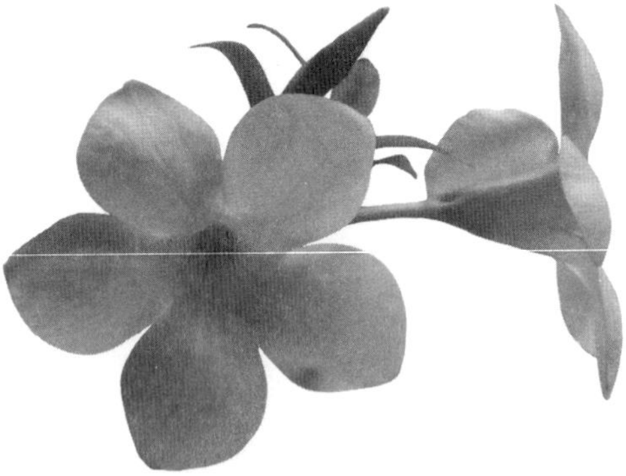

Um dos ensinamentos mais poderosos do hinduísmo é o *karma yoga*, que nos instrui a agir sem desejar o fruto da nossa ação. Para a mente ocidental, tão voltada a resultados, pode parecer impossível, mas se olharmos fundo há muita sabedoria e simplicidade por trás disso. Esse preceito tem implicações profundas e um efeito radical na vida diária. Evoluiu por milhares de anos e muitos filósofos, sábios e praticantes hindus contribuíram para tal evolução. É chamada de ideia primordial.

Antes de explorar o yoga da ação, gostaria de escrever algumas palavras sobre o hinduísmo e contextualizar o ensinamento. O termo "hinduísmo" vem de um rio conhecido localmente como Rio Hindu (Indo). O Rio Indo deu origem ao nome do país (Índia em português e Hindustan em hindi), ao seu povo (os hindus) e à sua língua (hindi). O rio, considerado sagrado, vem do Monte Kailash, uma fonte sagrada nos Himalaias. O rio passa por Ladakh, Caxemira, e pelo Paquistão, flui para o sul, até chegar ao Mar Arábico. Alguns séculos atrás, quando os habitantes do Ocidente cruzaram o rio, encontraram um país de 36 mil deidades, onde o povo venerava os deuses e as deusas dos rios, montanhas e florestas. Os viajantes estrangeiros chamaram essa devoção de "hinduísmo".

O hinduísmo é composto por seis filosofias formais e muitas informais. Alguns dos pensamentos hindus mais profundos estão resumidos nos *Upanishads*, cujo termo significa "sentar-se aos pés de um mestre espiritual e envolver-se no diálogo". Era uma cultura oral. Os textos eram memorizados e decorados. Os *Upanishads* tendem a ser curtos. Um deles é o *Isavasyopanishad*, que contém apenas 18 versos. O primeiro verso sintetiza a crença de que os elementos naturais – terra, ar, água e fogo – são sagrados. Não há outro deus além daquele dentro de cada ser vivo. Não há deus separado além desta Terra, deste universo e deste cosmo, em algum paraíso distante.

Tudo o que vemos, tocamos, sentimos, percebemos, cheiramos ou ouvimos é sagrado. Tudo no universo é divino, não importa o que seja. Os *Upanishads* louvam a generosidade da Terra. Lembram-nos de que a semente da figueira-de-bengala é a menor de todas as sementes e, mesmo assim, produz a maior de todas as árvores. No jardim botânico de Calcutá, há uma figueira-de-bengala enorme, com mil ramos. É tão imensa que a chamam de "floresta de uma árvore". Essa árvore ocupa quase 2 hectares. É um belo exemplo da abundância da Terra e de sua natureza sagrada.

O *Isavasyopanishad* nos diz: "Usufrua os frutos da Terra". Não só os seres humanos, mas cada criatura é convidada a desfrutar as dádivas da Terra, porém com uma condição: pegar apenas sua parte e deixar um pouco para os outros, para que todos possam desfrutar.

Na temporada das maçãs, há tantas maçãs na árvore que os pássaros, vespas, abelhas e até mesmo as minhocas podem comê-las. O solo alimenta e nutre a macieira e, depois, as maçãs que caem nutrem o solo. Este é o ciclo sagrado da Natureza.

A perspectiva hindu da vida e da Natureza não é linear; é cíclica. Conforme vimos, quando falamos de peregrinação, a vida é uma jornada eterna – sem meta, sem destino. Portanto, não devemos focar no resultado da nossa ação; devemos focar na própria ação.

A *Bhagavad Gita* é outro *Upanishad* importante. Muitos eruditos em sânscrito a conhecem de cor. Meu mestre, Vinoba Bhave, era um deles. Durante a luta pela independência da Índia, foi prisioneiro dos britânicos. Havia algumas centenas de prisioneiros políticos encarcerados com ele. Pediram que Vinoba lhes ensinasse a essência da *Bhagavad Gita*. Ele consentiu: "Farei isso, mas vocês precisam pedir permissão ao diretor penitenciário". Uma delegação foi falar com o diretor, que concordou com a realização de grandes encontros semanais no presídio para que Vinoba falasse sobre a *Gita*. Por fim, o próprio diretor perguntou: "Posso participar e ouvir Vinoba também?".

"Claro que sim", disseram os detentos. Assim, no presídio de Dhulia, em Maharashtra, Vinoba proferiu palestras sobre a *Gita*. Um dos presidiários era um jornalista que taquigrafava as palestras, palavra por palavra. Posteriormente, os textos foram publicados sob o título *Talks on the Gita* [Palestras sobre a *Gita*]. Muitos dos meus insights sobre espiritualidade e ecologia foram inspirados, em grande parte, por essas palestras.

A *Gita* é um poema longo, uma alegoria de guerra e paz. Ocorre durante uma batalha implacável entre membros de uma grande família. De um lado, há uma centena de irmãos e, do outro, seus cinco primos. Eles lutam pelo controle do reino. A *Gita* é aquela parte do épico *Mahabharata* em que o Senhor Krishna dialoga com o guerreiro Arjuna, que questiona uma guerra na qual é levado a lutar contra membros de sua própria família. O autor usa o conceito de guerra como uma metáfora para a ação. Salienta que a guerra é consequência do desejo de controlar, conquistar e obter poder. Ao superarmos esses desejos humanos, podemos superar conflitos e guerras.

Também é uma batalha entre dois aspectos da natureza humana: um construtivo e outro destrutivo.

Quando a *Bhagavad Gita* foi escrita, havia um movimento na Índia que encorajava as pessoas a renunciarem ao mundo. O Buda, Mahavira e muitos de seus seguidores vinham da realeza ou de famílias proprietárias de terras e entraram para ordens monásticas. A *Gita* foi escrita para contrapor-se a esse movimento. Krishna diz a Arjuna: "Renuncie o apego ao mundo, mas não abandone o mundo. Não renuncie a ação no mundo".

Assim, a *Gita* apresenta a filosofia de *karma yoga* da maneira mais clara e profunda. Argumenta que a ação é natural a todos os seres humanos e é impossível evitá-la. Todos precisamos agir. Nosso corpo foi feito para agir. Se pedirem a alguém para sentar-se em um recinto e não fazer coisa alguma além de ficar sentado por uma semana ou um mês sem fazer nada, essa pessoa não será feliz. Nosso desejo natural é nos mover, cuidar do jardim, cozinhar, fazer coisas, construir, plantar, cantar e dançar. A ação é nossa fonte natural de realização. A ação é bela. A ação é sua própria recompensa, uma fonte de prazer e alegria. A *Gita* nos incita a participar e a nos envolver completamente na ação, sem nos preocupar com o resultado. Quando não almejamos o resultado, nem ansiamos por elogios e conquistas, focamos totalmente na ação, que deve ser o mais perfeita e plena possível. Se nossas intenções forem puras, a ação será de natureza iogue, sem consequências prejudiciais. A ação sem yoga é como cola grudenta. A cola é o desejo e o apego à realização. O desejo de ser elogiado ou reconhecido é uma cola que atrairá consequências cármicas. Se não desejarmos o fruto de nossa ação, estaremos livres da presunção e do ego. Segundo a *Gita*: "Nunca renuncie a ação; renuncie o desejo do fruto da ação. Nunca renuncie o mundo; renuncie o apego ao mundo".

Nossa ação deve ser uma oferenda a serviço dos outros, não para ganho pessoal. Se alguém está doente, envelhecido ou faminto e não agimos, como poderemos ajudá-lo? Portanto, aja com base na mutualidade, na reciprocidade, servindo com amor, carinho, compaixão e bondade. Cada ação é uma forma de serviço. Jardinagem é uma forma de serviço. Estamos servindo não apenas aos mais próximos e estimados, mas cuidando e restabelecendo a própria terra. Estamos cultivando o solo e, ao fazê-lo, cultivamos também nossa alma. Removendo as ervas daninhas do jardim, retiramos ao mesmo tempo as ervas daninhas da ansiedade, da raiva, do orgulho, do ego e do medo em nossa vida. Unindo-nos ao solo, nos reconectamos com esses elementos. Assim, a jardinagem torna-se o yoga da ação, uma prática espiritual, uma meditação.

O *karma yoga* torna-se um modo de vida. Cada ação que realizamos com atenção e consciência plena, livre da cobiça e do apego, é *karma yoga*. Cozinhar, cuidar do jardim, escrever um livro, construir uma casa, fazer móveis, caminhar pelo rio... não importa o que seja, se estivermos plenamente presentes no aqui e no agora, então será *karma yoga*. Este é o ideal hindu da ação. Conforme vimos no capítulo anterior, um artista foca no processo de produção, não no resultado. Seja cantando, dançando ou pintando, a ação é, por si só, plena. Qualquer resultado ou desfecho é irrelevante. Portanto, um *karma yogi* é um artista no verdadeiro sentido da palavra.

De acordo com a *Gita*, *karma yoga* é a base da espiritualidade. Na espiritualidade da *Gita*, não há dogma, nem igreja, mesquita, templo, nem livro sagrado. Não há separação entre ser espiritual e ser ativo no mundo. Não há separação entre Deus e o mundo. No *karma yoga*, não há separação entre o mundo interno e o mundo externo. A paisagem interna do amor e a paisagem externa da Natureza são uma só. Sem interno, não há externo. Um quarto é formado por paredes. Se não há paredes, não há quarto. O templo pode ser uma lembrança do sagrado, ajudando-nos na busca de um caminho espiritual, mas a espiritualidade não mora nele; a espiritualidade mora no coração. A *Gita* desafiou a ideia de que a vida em uma ordem monástica é mais pura do que a vida mundana. Se o coração for puro e nossas intenções forem boas, poderemos então ser felizes no mundo, vivendo com simplicidade. Foi por isso que me senti compelido a deixar a ordem monástica e a estar no mundo, praticando a espiritualidade na vida diária.

Enquanto a *Gita* apresentava a filosofia e a visão de que todas as ações realizadas com intenção correta e sem apego constituem o yoga da ação, os jainistas argumentavam que não basta ter intenção correta. O yoga da ação é sempre não violento. Ainda que a intenção seja correta, uma ação violenta não é yoga.

Naquela época, nos templos hinduístas da Índia havia rituais de sacrifício de animais. As pessoas não deveriam matar um animal a menos que fosse consumido como alimento. Se fosse realmente necessário matar o animal para consumo, a intenção do ritual era oferecê-lo primeiro aos deuses. Desse modo, tornou-se um costume levar o animal ao templo para abatê-lo, oferecê-lo às deidades e, só depois, comê-lo a contento. A justificativa baseava-se no fato de que a oferenda aos deuses, com intenção pura, tornaria a morte do animal aceitável. Da mesma maneira, segundo a *Gita*, uma guerra com intenção pura seria justificável. O mestre jainista Mahavira contestou dizendo que a pureza da intenção não era suficiente. A própria ação também deveria ser pura e não violenta. Os fins nobres sempre devem ser atingidos por meios nobres. É por essa razão que a metáfora da guerra descrita na *Gita* não é aceita pelos jainistas. Assim, Mahavira tornou-se defensor da compaixão pelos animais e por todos os seres vivos. Com isso, trouxe uma nova dimensão ao ideal do *karma yoga*.

Mahavira defendia uma reforma do *karma yoga*. Sim, renunciar o desejo do fruto de sua ação, mas renunciar também qualquer sinal de violência em sua ação. Propôs que todos deveriam tornar-se vegetarianos. Embora os hindus considerassem alguns animais sagrados (vacas, touros, macacos, pavões e cisnes), permitiam-se fazer rituais para sacrificar outros animais no altar do templo. Mahavira os aplaudia por considerarem a vaca sagrada, mas implorava-lhes que expandissem a noção do sagrado a todos os seres vivos.

Para Mahavira, a prática da não violência é a qualidade essencial de um *karma yogi**. Isso inclui a não violência da mente. Seria bom evitar pensamentos negativos, violentos, maliciosos ou prejudiciais. A fala também deve ser não violenta. Ao falar, é apropriado usar palavras amáveis. Se tivermos de falar uma verdade difícil, usemos de doçura e, se não pudermos expressá-la com doçura, então que fiquemos em silêncio esperando até que tenhamos aprendido a falar a verdade de maneira terna e não violenta.

Mahavira fundou uma tradição de pacifismo, e seus adeptos foram os primeiros pacifistas da Índia. Mil e seiscentos anos atrás, alguns monges jainistas vieram à aldeia de Os, onde meus ancestrais moravam. Pregaram a prática da não violência total. Os habitantes da aldeia, inclusive meus ancestrais, ficaram tão inspirados que decidiram aderir ao jainismo. Alguns deles eram soldados do rei, a quem tiveram de pedir permissão para se tornar pacifistas. Estes jainistas deram o exemplo de objeção de consciência. O rei lhes deu permissão para mudar da casta de guerreiros para a de comerciantes. A doutrina da *Gita* contrastava totalmente com a doutrina dos jainistas, para os quais não há guerra justa. Não há espaço para nenhuma guerra, nem mesmo em metáforas.

Os jainistas praticam a não violência com as pessoas e também com a Natureza. Não cortam árvores. Não cavam o solo e não cultivam nem consomem tubérculos, raízes tuberosas ou bulbos (como batata, cebola, alho, cenoura ou beterraba), pois ao colherem tais

---

* Praticante de *karma yoga*. [N. da R.]

raízes estariam despedaçando o solo. Portanto, consomem apenas a parte da planta que está acima do solo. Os jainistas preferem ser frugívoros ou consumir vegetais que sejam o fruto da planta (feijões e ervilhas, por exemplo). Quando as leguminosas e grãos são colhidos, as raízes permanecem no solo e, ao morrerem naturalmente, tornam-se parte do solo. Assim, para os jainistas, viver com simplicidade é levar uma vida sem violência, frugal.

Mahatma Gandhi levou a filosofia do *karma yoga* mais além. Incorporou tanto a tradição hinduísta como a jainista. Seu pai era hindu, a mãe jainista. O Mahatma introduziu o *karma yoga* social, político e econômico. Argumentava que a economia moderna, o sistema fabril, a industrialização, a produção em massa e a mecanização, a destruição das artes manuais e das obras de arte são formas de violência. Quando se fazem coisas com as próprias mãos, minimiza-se o uso de transportes, de combustíveis fósseis e de outros recursos naturais, possibilitando um modo de vida mais simples, mais elegante, sem violência.

Do mesmo modo, um grande governo centralizado e militarizado também é uma forma de violência, pois tira o poder dos cidadãos comuns. O *karma yoga* de Gandhi defende a escala humana e o poder descentralizado. Para ele, o pequeno sempre foi belo. Portanto, Gandhi representa a síntese do ideal hinduísta de ação e da arte de viver hinduísta – que requer distanciamento de atividades voltadas à obtenção de metas e baseadas em resultados – e dos valores jainistas de não violência no pensamento, fala e ação. Apoiado nessas duas tradições espirituais, Gandhi desenvolveu um novo sistema de *karma yoga* que incluía a ação correta na esfera política e econômica, bem como na esfera pessoal.

O *karma yoga* de Gandhi era compatível com os jainistas no sentido de que fins nobres devem ser obtidos por meios nobres. Não deve haver contradição entre os fins e os meios. A pureza da intenção e a pureza da ação caminham de mãos dadas. Deve haver congruência entre o ideal e o pragmático. Isso significa agir com motivação correta, sem violência e a serviço da humanidade e da Terra. Um *karma yogi* deve evitar ações que prejudiquem a coesão social e a harmonia natural.

Esses três aspectos do *karma yoga*, quando juntos, formam a base ideal da simplicidade elegante.

Entretanto, o conceito e a prática do *karma yoga* parecem idealistas e inatingíveis. Estamos completamente condicionados à obtenção de metas. Por onde começamos a nos descondicionar? Como criar uma sociedade de artistas e *karma yogis*? Como dar início ao processo de simplicidade elegante? Na minha opinião, temos de começar do princípio – na infância e nas escolas. Portanto, no próximo capítulo abordaremos questões sobre educação e aprendizado.

Não há grandeza onde não há simplicidade.

Leon Tolstói

7.
Aprendendo e vivendo

*Educação não é
a preparação para a vida;
educação é a própria vida.*

John Dewey

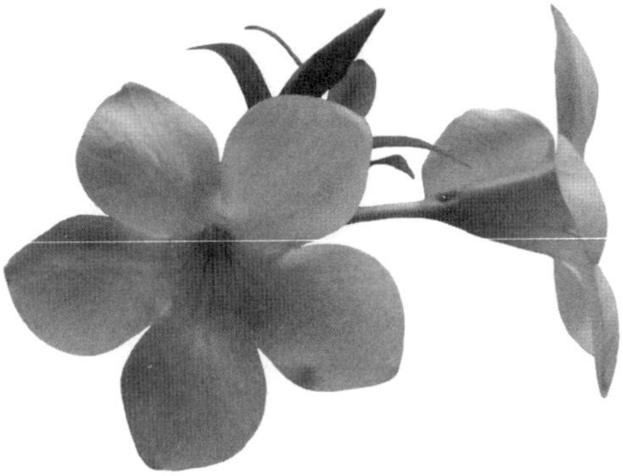

A simplicidade deve começar do princípio. Tem de começar na infância. Uma criança é como uma semente. Com as condições certas, a semente tem o potencial de se tornar aquilo que está dentro dela. Uma bolota de carvalho torna-se um carvalho, uma semente de maçã torna-se uma macieira. O trabalho do jardineiro, do silvicultor, do agricultor, não é transformar o carvalho em freixo ou uma maçã em pera. Quando uma criança vai à escola, os professores precisam descobrir as qualidades da criança: "Esta criança é uma maçã ou uma pera?".

Infelizmente, nas escolas modernas os professores raras vezes observam as qualidades das crianças, as quais devem se enquadrar em um sistema econômico. Elas têm de se tornar aquilo que a economia quer. O governo diz: "Precisamos de engenheiros, banqueiros, economistas, contadores, médicos". As escolas treinam as crianças para atenderem às necessidades do mercado e as preparam para conseguirem bons empregos, terem sucesso e ganharem o máximo para que possam acumular o maior número possível de dispositivos e bens materiais. Entretanto, em um sistema de educação ideal e adequado, as crianças não seriam preparadas para se enquadrar à economia; a economia é que se enquadraria a elas. Além disso, seriam preparadas para uma vida gratificante e feliz.

Por não apreciar o modelo moderno de educação, fundei uma escola em Hartland, North Devon, em 1982. Meus dois filhos estavam na idade de frequentar o ensino secundário e teriam de ir para uma escola a 25 quilômetros de distância. Levariam uma hora para ir e uma hora para voltar de ônibus, saindo de casa de manhã e voltando só à noite. Começariam a viajar diariamente para a escola com apenas 11 anos! Não queria meus filhos enfrentando essa jornada. Minha esposa e eu mudáramos de uma cidade para uma aldeia porque queríamos viver em uma comunidade rural e para que nossos filhos crescessem no campo. Queríamos que aprendessem com a Natureza, com as florestas, com a flora e a fauna. Queríamos que conhecessem a vida dos agricultores, construtores, pintores e poetas. Se todos os dias tivessem de deixar a comunidade rural às oito da manhã em direção a uma cidade distante, voltando exaustos à noite, não poderiam desenvolver uma compreensão da comunidade nem se relacionar com ela. Do ensino médio, iriam para a universidade, onde seriam treinados para ser úteis à economia. Em seguida, procurariam um emprego bem remunerado em algum lugar em Londres, Paris, Nova York ou Nova Délhi. Assim, como outros jovens, nossos filhos seriam levados de sua aldeia e desenraizados de sua comunidade.

Não queríamos vê-los estudando fora da comunidade. Por isso, convoquei uma assembleia na aldeia. Fiquei encantado com a presença de trinta pessoas. Após algumas discussões preliminares, perguntei-lhes: "O que vocês acham de mandar nossos filhos de ônibus para estudar na cidade?". Os pais responderam: "Algumas crianças fumam no ônibus. Outras sofrem bullying. Não há supervisão. Precisamos de uma escola aqui na aldeia".

Após uma hora de debate, os pais de nove crianças disseram: "Se você abrir uma escola em Hartland, nossos filhos estudarão aqui". De acordo com a Lei Britânica, uma escola pode ser reconhecida e registrada com apenas cinco alunos – e tínhamos nove! Foi assim que fundamos a Small School.

No primeiro dia, quando nove crianças e seus pais vieram à escola, perguntamos: "Qual será a diferença entre a nossa escola e qualquer outra?". A resposta foi: "A maioria das crianças caminhará até aqui. A cozinha será uma sala de aula. Todas as crianças participarão do preparo da comida. Haverá alimentos de verdade, frescos, para o almoço. Farão pão fresco todos os dias. Haverá uma horta onde aprenderão a cultivar vegetais, ervas e flores. Por que as escolas têm campos de futebol e de críquete mas não têm hortas? Toda escola deveria ter uma horta e uma cozinha".

Em muitas escolas do Reino Unido, as refeições são preparadas a quilômetros de distância por um fornecedor terceirizado e transportadas para o destino. Por quê? Todas as crianças deveriam aprender a cozinhar alimentação saudável e nutritiva. Poderiam aprender a história da comida, a química e a matemática dos alimentos. Dissemos aos alunos: "Não ensinaremos apenas Shakespeare, Darwin, Newton e Galileu. Ensinaremos vocês a cozinhar, a cuidar da horta, construir, costurar, consertar roupas, fazer marcenaria, fotografia e música, além de matemática, ciências e inglês". Esse era nosso currículo. Nossa escola não seria uma fábrica de exames; seria um lugar de autodescoberta.

Claro, desenvolvemos essas ideias por alguns meses e, nesse período, os pais, professores e os próprios alunos potenciais participaram das discussões. Quando expressei esse plano logo no primeiro dia, todos ficaram satisfeitos em ouvi-lo.

Somos todos a favor do conhecimento, mas ele deve estar acompanhado de experiência. Física, química, matemática, evolução, filosofia, psicologia e teologia são só palavras. O verdadeiro conhecimento está além das palavras. Além das teorias e conceitos. O verdadeiro conhecimento vem da experiência.

Portanto, nossa escola incorporou ao conhecimento a experiência vivida. O currículo da Small School incluía artes, trabalhos manuais, histórias e mitos, assim como ciências e matemática.

119

A Small School funcionou 36 anos em período integral, mas uma nova escola estadual que compartilha de alguns dos mesmos ideais da Small School entrou recentemente em atividade em nossa região. Agora os pais podem matricular os filhos nessa instituição sem ter de pagar as mensalidades. Entretanto, continuaremos usando as instalações da Small School para cursos educacionais à noite, aos fins de semana e nas férias.

Quando a Small School já estava em atividade havia alguns anos, perguntaram: "Por que você não abre uma escola para adultos?". Foi assim que surgiu o Schumacher College.

Em 1990, quando eu sonhava em fundar o Schumacher College em Dartington, Devon, diziam-me: "Sua visão é idealista demais. Quem virá estudar ecologia ou espiritualidade, ou artes e trabalhos manuais, ou filosofia holística e ainda pagar por isso?". Muitos achavam que o Schumacher College poderia durar dois ou três anos e depois fechar. É animador e gratificante ver que o College continua florescendo e prosperando após 28 anos.

A razão de ser do Schumacher College era e continua sendo bem simples: a sociedade moderna de consumo é promovida e sustentada pelo sistema educacional convencional. As universidades são o alicerce do complexo militar-industrial. Os jovens são condicionados a pensar de modo economístico e materialista. Ensinam-lhes que a Natureza está aqui para ser conquistada, depois usada e explorada a fim de mantermos nosso alto padrão de vida. Somos educados para considerar que os seres humanos são a espécie superior e que podem fazer o que quiserem com a Natureza. Quando os universitários se formam, costumam explorar a Natureza e outras pessoas para ter uma vida de riqueza, conforto e sucesso. Nesta era moderna materialista, a injustiça social e a injustiça ecológica se fundem.

Devíamos mudar essa situação. Poderíamos tê-lo feito de muitas maneiras, como ter conversado a respeito ou escrito livros sobre o assunto. Mas só isso não bastaria. Tivemos de iniciar algo capaz de mostrar que há outro jeito, um jeito melhor de lidar com esse dilema. Não temos de condicionar a mente dos jovens para que explorem as pessoas ou a Natureza. Precisamos ensinar-lhes que nós *somos* a Natureza, mas sim viver em harmonia com a Natureza. O Schumacher College foi fundado para fazer exatamente isso. Além de ser um lugar para ensinar ecologia, é um lugar onde os alunos podem experimentar e viver um estilo de vida ecológico.

Nas universidades convencionais, a palavra "ecologia" é definida de um modo bem limitado. É o estudo de um organismo particular em relação ao seu ambiente. No Schumacher College, a definição é mais ampla. A palavra "eco" significa "lar" – nosso lar planetário e também nossa casa particular. Portanto, o Schumacher College não é apenas um lugar onde se aprende ecologia no sentido mais amplo; é, além disso, um lar em si. Esse é o projeto do Schumacher College. Seguimos o lema gandhiano: "Seja a mudança que você quer ver no mundo". Os que vêm ao College sentem-se em casa. Cozinham, cuidam da horta, limpam seus quartos. Se você for a uma universidade convencional, haverá uma lousa na parede, um monitor de computador na sua mesa e um professor para lhe ensinar. Ao final da aula, você volta ao seu apartamento ou alojamento, e fica lá. Não há relação entre aprender e viver. No entanto, viver e aprender precisam ser partes integrantes. Teoria e prática devem se fundir. Essa é a visão da educação holística. É um processo de aprender com a prática.

O Schumacher College é uma comunidade e uma casa. Tentamos viver em harmonia com a Natureza, com as pessoas e com os arredores. Aprendemos a respeitar, a ajudar e apoiar os outros. Desta maneira, tentamos trazer a ideia de lar planetário e comunidade da Terra para o nível micro.

No College, os estudantes aprendem ciências, economia e filosofia holísticas e entendem como todas estão inter-relacionadas e interconectadas. A ecologia está conectada com a antropologia, a antropologia está conectada com a psicologia, e a psicologia está conectada com jardinagem e agricultura. No College, ao estudar uma disciplina em particular, você a insere em um contexto maior. Portanto, a integração entre aprender e viver é a essência do Schumacher College. Aqui os alunos se transformam, pois passam por uma experiência holística de vida, que incluiu estudo, trabalho, contemplação e atividades criativas. Ao se transformarem, saem para o mundo e encontram um meio de transformá-lo.

Quando esses alunos se formam, imploro para que não procurem emprego, mas criem seu próprio trabalho ou meio de subsistência. Assim, muitos deles abriram seu próprio negócio (livrarias, restaurantes de comida integral, lojas de alimentos integrais, jardinagem) ou se tornaram escritores. Alguns foram trabalhar no Programa das Nações Unidas sobre Mudança Climática e outros fundaram ONGs ambientais, como o Carbon Disclosure Project. Alguns foram trabalhar em organizações ambientais, como a Friends of the Earth ou Greenpeace, ou agências humanitárias, como a Oxfam. De uma forma ou de outra, muitos estão trabalhando como agentes de mudança. Ajudam o mundo a ser um lugar melhor, um lugar onde todos tentam minimizar a exploração das pessoas e da Natureza, e maximizar a espiritualidade, a sustentabilidade e a simplicidade. Aprender a viver com leveza, viver com menos e gerar o menor impacto possível nos recursos do planeta.

O que caracteriza o aprendizado no College é a parceria entre professores e alunos. Os alunos não consomem conhecimento; em vez disso, professores e alunos exploram e desenvolvem juntos. São parceiros de aprendizagem. É uma jornada. Os alunos estão lá para se descobrir, encontrar seu lugar neste planeta Terra e o propósito de estarem aqui. É o conhecimento de dentro para fora, não de fora para dentro. Os professores estão lá para inspirar, motivar e acender a chama interior dos estudantes.

A Natureza é parte do nosso corpo docente, ao lado de professores como James Lovelock, Stephan Harding, Vandana Shiva ou qualquer outro professor visitante. Pelo menos uma vez por semana, os alunos vão a Dartmoor, ao mar ou à floresta para aprender a vivenciar a Natureza. Em 28 anos, milhares de estudantes já passaram pelo College. Há 17 mil deles na lista de ex-alunos. Eles aprendem, transformam e tornam-se agentes de mudança. Desfrutam e celebram o aprendizado.

O Schumacher College, cujo nome é uma homenagem ao autor de *Small Is Beautiful* [*O negócio é ser pequeno*], precisa permanecer pequeno. Entretanto, outros centros na linha do Schumacher College estão surgindo em outros países. Não se exige que levem o nome Schumacher College. Não se trata de uma franquia. As pessoas partem de sua própria iniciativa, com base na cultura e *ethos* de seu próprio país. O nome não importa, desde que tais iniciativas sejam holísticas e que se aprenda a servir sua comunidade, sua sociedade e a Terra – assim, será um Schumacher College. Esses novos centros educacionais estão se abrindo no mundo todo e constituindo redes informais de apoio mútuo.

Costumo dizer aos alunos do Schumacher: "Vão para o mundo com confiança. Em vez de procurar emprego, criem seu próprio trabalho, criem um modo de vida. Vivam como artistas, como um *karma yogi*". Existe uma diferença entre ter um emprego e ter um modo de vida. Emprego é algo que fazemos por dinheiro, gostando ou não. Modo de vida é fazer algo que realmente queremos fazer e que nos deixa realizados. Ser remunerado por isso é apenas consequência. É claro que precisamos de dinheiro, mas não estamos trabalhando para obtê-lo.

Quero que os alunos saiam para o mundo e trabalhem em prol de algo maior – com imaginação, a serviço da Terra e pelos valores e ideais que mais prezam. Precisam unir sua profissão à sua vocação. No momento, muita gente dá vazão à sua vocação nos fins de semana, quando escrevem poesia, ou pintam ou fazem jardinagem. Fazem algo que apreciam, mas durante a semana trabalham pesado em sua profissão. O trabalho é algo que fazem para ganhar dinheiro. Almejo uma cura para esta separação entre vocação e profissão. Os estudantes precisam fazer aquilo que é sua vocação *e* fazê-lo profissionalmente. Com esta combinação, transformarão seu emprego em um modo de vida correto.

No Schumacher College, trinta ou quarenta alunos de muitos temperamentos, nacionalidades e religiões diversas convivem juntos. Ao longo dos anos, eles vêm do Brasil e do Japão, da China e do Chile, do México e da Malásia – de noventa países no total. Aprendem a praticar a tolerância e a aceitação, a ser generosos com o outro, a celebrar diferentes idiomas e culturas. Aprendem a falar com confiança e amor. As palavras podem ferir ou curar. Portanto, os alunos aprendem a arte de falar e a arte de escutar. No College, aprendem a usar a fala amorosa, que inspira confiança. Também aprendem vários tipos de arte, como culinária, limpeza, jardinagem e outras habilidades práticas.

Nossas mãos são uma grande dádiva. Com as mãos, cozinhamos, cuidamos da horta e escrevemos. As mãos são nossas ferramentas de transformação. O uso das mãos merece respeito. No momento, estamos condicionados a pensar que o trabalho manual é para gente sem instrução, para indivíduos que não sabem desenvolver programas de computação ou fazer trabalhos intelectuais. Se você é operário, jardineiro ou agricultor, seu salário deve ser por volta de 10 dólares por hora. Mas se você trabalhar em um banco, no governo, em alguma empresa ou se for profissional liberal, ganhará centenas de dólares por hora. Nossa sociedade reduziu a dignidade e o valor do trabalho manual, porém, estes são bastante valorizados no Schumacher College.

No College, incluímos o cultivo do coração. Cuidar do outro, desenvolver empatia e compaixão são parte integrante do aprendizado. Se não desenvolvermos essas qualidades, nossa educação não estará completa. Estabelecemos um equilíbrio entre a educação da mente, do coração e das mãos. Isso é possível vindo de professores que dão o exemplo e inspiram os alunos, mostrando-lhes a importância de pensar, sentir e fazer.

O verdadeiro aprendizado ocorre quando o aluno sente-se tocado e comovido pela experiência, quando aprende algo útil, que possa contribuir para sua vida, e quando adquire habilidades e técnicas que lhe permitam se expressar e fazer parte da comunidade.

O aprendizado não é uma corrida contra o tempo. É um processo de descoberta, que surge quando o aluno está engajado e totalmente envolvido na experiência. Isso requer uma atmosfera relaxada, na qual o aluno não sinta pressão alguma e tenha a chance de aprender em seu próprio ritmo, e onde a atividade lenta e simples do aprendizado seja celebrada. Aprender não é uma questão de ser aprovado em exames e obter bons resultados. O aprendizado é um processo de autorrealização.

Devemos lembrar que o verdadeiro aprendizado não ocorre apenas dentro das quatro paredes de uma escola, universidade ou sala de aula. Aprendemos o tempo todo na vida: a educação formal acontece paralelamente ao aprendizado contínuo que ocorre a cada momento. De certa forma, a importância do aprendizado formal tornou-se exagerada. Jesus Cristo não era PhD em teologia e o Buda não tinha mestrado em meditação. A educação formal tem seu espaço, mas devemos mantê-la em seu lugar em vez de deixá-la dominar nossa vida ou permitir que aqueles sem educação formal sejam desprezados.

A verdadeira arte do aprendizado é o cultivo da curiosidade. A mente do aprendiz é a mente do principiante. Aprendemos com a universidade da vida e com a universidade da Natureza. A obra de David Orr e Fritjof Capra – centrada no conceito de alfabetização ecológica – é um exemplo inspirador de aprendizado transformador. Os autores argumentam que a educação moderna não transmite às pessoas o verdadeiro conhecimento sobre a vida e a Natureza. Assim sendo, fundaram o Center for Ecoliteracy [Centro de Alfabetização Ecológica] em Berkeley, Califórnia. Enfatizam que vivemos em uma civilização urbana. Um número cada vez maior de indivíduos deixou o ambiente natural e rural para viver em cidades, cercadas de carros e edifícios de concreto, desconectadas do mundo natural. Em consequência, estão se tornando analfabetos ecológicos.

A alfabetização ecológica ocorre quando estamos na Natureza. Não pode ser obtida de livros ou da TV. Há programas maravilhosos sobre a Natureza na televisão, mas não bastam para nos tornar "ecoalfabetizados". Para isso, é necessário vivenciá-la por nós mesmos.

Se quisermos resgatar uma relação adequada com o planeta, precisamos considerá-lo nosso lar. "Eco" vem do grego *oikos*, que significa "casa". Na sabedoria dos filósofos gregos, *oikos* (casa) tem muitas acepções. A casa é o lugar onde moramos: quarto, banheiro, cozinha e jardim compõem nossa casa. Além disso, temos nossa aldeia ou cidade, região e país, e consideramos todos eles nossa "casa". Porém, em última instância, precisamos expandir essa definição e aprofundar nossa compreensão. Temos de pensar em nossa casa planeta, em nossa casa Terra. Nossa principal casa é a própria Terra. A palavra *logos* quer dizer "conhecimento". Assim, "ecologia", ou "alfabetização ecológica", é "conhecimento da casa".

A casa também é um lugar de relacionamentos. A casa é onde moramos com nossos pais, irmãos, irmãs, marido, esposa, amigos e visitantes. O conhecimento da casa vem da compreensão das relações.

A palavra "economia" vem da mesma raiz. *Nomos* significa "administração". Portanto, economia é a administração da casa. Precisamos conhecer nossa casa antes de administrá-la. Muita gente estuda economia na faculdade antes de estudar ecologia. É por isso que existe tanto analfabetismo ecológico.

Certa vez fui convidado para dar uma palestra na London School of Economics (LSE). Perguntei: "Onde fica o departamento de ecologia?". Responderam: "Não temos". Eu disse: "Vocês ensinam economia (ou seja, como administrar uma casa) aos seus alunos sem ensinar ecologia (ou seja, sem que eles saibam no que consiste uma casa). Como administrar sua casa sem saber coisa alguma sobre ela?".

A ecologia deve preceder a economia; ou, pelo menos, estar acompanhada dela. É como andar com duas pernas. Se você andar somente com uma perna – a perna da economia –, por quanto tempo conseguirá andar? Depois de certo tempo, ficará cansado. Ao se cansar, cairá. Não é à toa que a história das economias do mundo é marcada por uma queda após a outra.

Temos crises econômicas, crises ambientais, aquecimento global, explosão populacional, esgotamento de recursos. Por que temos esses problemas? Porque estamos mancando com uma perna, a perna da economia. Agora precisamos nos sentar, relaxar e nos preparar para caminhar com ambas as pernas. Quando conhecermos nossa casa, poderemos administrá-la melhor. Conheceremos os limites de nossa casa. Aprenderemos a viver com simplicidade, dentro de nossas próprias possibilidades. Sugeri que mudassem o nome da universidade para LSEE – London School of Ecology and Economics [Escola de Ecologia e Economia de Londres] –, mas acharam a ideia radical demais!

Os economistas e industriais são analfabetos ecológicos. Não parecem conhecer os limites do ecossistema. Continuam supervisionando a extração de petróleo, minerais e matérias-primas como se não houvesse amanhã! Se tivessem alfabetização ecológica, se conhecessem nosso planeta casa, saberiam que esses recursos são finitos. Não podemos nem devemos fazer exigências infinitas sobre as matérias-primas que extraímos da Terra finita. Os economistas alfabetizados ecologicamente sabem que nossa casa, a Terra, opera sob leis naturais. Uma lei fundamental da Natureza que os economistas ignoraram devido à falta de alfabetização ecológica é a de que todos os sistemas naturais são cíclicos, ao passo que a economia moderna é linear. Extraímos recursos naturais, utilizando-os e descartando-os como resíduos. Na Natureza, porém, não há desperdício. A Natureza move-se em ciclos. As estações movem-se em ciclos, a própria Terra se move em ciclo. Tudo na Natureza é cíclico.

Com base na alfabetização ecológica, aprendemos que tudo se move em ciclos e, portanto, tudo deve ser reciclado. Não deveria haver desperdício! O desperdício é um crime contra a Natureza. Todo material natural que cai no chão é absorvido pela terra e transformado em solo. No outono, as folhas e os frutos caem e tornam-se parte da terra novamente, nutrindo o solo e alimentando as minhocas. O solo armazena carbono dentro de si. O solo sequestra, absorve e retém o carbono para enriquecer a vida. Esse carbono nutre as raízes, o tronco e os ramos de uma árvore. Mais tarde, na primavera, a seiva retorna, e as flores e os frutos surgem de novo.

Por meio desse sistema cíclico, as folhas que caem no solo reencarnam-se em novas folhas. Se você não acredita em reencarnação, você não acredita nas leis da Natureza. As folhas de uma árvore morrem todos os anos. Após a morte, ocorre a ressurreição na primavera. Todos os anos nascem folhas frescas. A vida é eterna, o espírito nunca morre. Por meio de sistemas cíclicos, a Natureza sempre se renova. O corpo da árvore é reciclado, a árvore nasce mais uma vez como semente e a semente como uma árvore. É a lei da Natureza. Compreender esse fenômeno faz parte da alfabetização ecológica.

Infelizmente, a maioria das pessoas com ensino superior são analfabetas ecológicas; é por isso que, quando se lançam no mundo do trabalho, geram desperdício e ainda criam uma economia prejudicial ao mundo natural, causando muitos problemas ambientais. Inúmeros desses economistas analfabetos ecológicos que trabalham para governos, empresas e indústrias são altamente responsáveis pela poluição da água, do ar, erosão do solo, esgotamento de recursos e mudança climática.

O conhecimento, por si só, é perigoso. Cientistas altamente instruídos inventaram armas nucleares e se envolvem em engenharia genética. Agricultores camponeses sem instrução não produzem armas nucleares nem sementes por engenharia genética. A maior parte dos problemas do mundo é causada por pessoas com alto nível educacional, que ganham centenas de milhares de dólares por seu trabalho. Como consequência, a Terra está em perigo agora e, portanto, a alfabetização ecológica é algo imperativo na atualidade.

Todo estudante deveria reservar pelo menos um dia da semana para estar em meio à Natureza e instruir-se com ela: sentar-se à margem de um rio ou sob uma árvore, caminhar nas montanhas... A própria Natureza é o maior de todos os mestres. Se os universitários querem ser alfabetizados em ecologia, precisam aprender a ler o livro da Natureza – o maior de todos os livros, maior até do que a Bíblia, o Alcorão ou a *Bhagavad Gita*, maior do que Shakespeare ou Darwin. Grandes profetas e escritores buscam inspiração na Natureza. Em *As You Like It* [*Como gostais*], Shakespeare fala de "idiomas em árvores, livros em regatos, sermões em pedras e o bem em tudo".

Em "Inversnaid", Gerard Manley Hopkins reflete:

O que seria do mundo, uma vez privado
Do molhado e da selvageria?
Deixe-o ser deixado,
Deixe-o ser deixado, selvagem e molhado;
Vivam as ervas daninhas e o deserto ainda.

E Wordsworth escreveu:

Solitário qual nuvem vaguei,
Pairando sobre vales e colinas,
De repente uma multidão avistei,
Miríade de narcisos dourados;
Junto ao lago, sob as árvores,
Tremulando e dançando na brisa.

Se não houvesse narcisos, não haveria Wordsworth – poeta da alfabetização ecológica por excelência.

Toda grande arte e literatura surgem de artistas com alfabetização ecológica. Van Gogh sentou-se em frente aos girassóis e tornou-se um artista ecológico. Se não houvesse girassóis, não haveria Van Gogh. Raras vezes girassóis de verdade são valorizados; pensa-se em Van Gogh somente em termos do valor de mercado de suas pinturas, vendidas a 40 milhões de dólares, ou mais. As pessoas vão aos museus, mas não têm tempo para sentar diante de um girassol vivo e contemplar a Natureza.

Monet criou um jardim para que pudesse pintar ninfeias, para que ao pintar pudesse ver a Natureza de perto, com intimidade, em detalhes. Monet observou-as hora após hora, dia após dia. Arte e poesia são meditações sobre a Natureza.

Darwin estudou minhocas. Mergulhou na Natureza e, ao observá-la atentamente, desenvolveu a teoria da evolução. Acreditava que viemos da Natureza e que somos a Natureza. A ideia fundamental de Darwin foi esquecida e é em geral mal interpretada como "a sobrevivência do mais forte". Hoje em dia, em muitas universidades, a Natureza foi reduzida a um objeto de estudo acadêmico. A antiga ciência nos diz que a Natureza é violenta e cruel. Cientistas como Francis Bacon defendiam a ideia de que devemos manipular e conquistar a Natureza, e roubar seus segredos em vez de confiar nela. Felizmente, o mundo da ciência está despertando e a nova ciência vê a unidade entre os seres humanos e a Natureza. Cientistas como James Lovelock e Lynn Margulis, que desenvolveram juntos a ciência de Gaia, acreditam que a Terra é um sistema benigno de autorregulação e cabe a nós aprender a viver em harmonia com a Terra em vez de explorá-la.

Em geral, as universidades educam seus alunos para serem especialistas; perderam de vista o panorama geral. Alunos formados em universidades recebem 50% de instrução. Ser instruído pela metade é pior do que não ter instrução. É o mesmo que um pão assado pela metade. Eles têm bom conhecimento teórico, mas pouquíssima experiência da Natureza, que é a origem de toda a vida. As universidades carecem de uma nova pedagogia, fundamentada na convicção de que precisamos aprender sobre e com a Natureza. Precisamos ser humildes, precisamos criar uma educação centrada na Natureza e uma visão de mundo centrada na Terra.

Nós, seres humanos, somos a Natureza. *Natura* em latim significa "nascimento". Quando uma mãe está prestes a dar à luz um bebê, faz um pré-natal. "Natal" e "Natureza" vêm da mesma raiz. Nós, humanos, nascemos, não? Como podemos dizer que a Natureza está somente no mundo lá fora, ou que as árvores, pássaros, abelhas, frutas, grama, rios e montanhas são a Natureza e nós, seres humanos, não somos?

Primeiro nos separamos da Natureza, depois achamos que os seres humanos são superiores a ela. Presumimos que a Natureza exista apenas para benefício da humanidade. Uma árvore existe por ser útil aos humanos. Aquela árvore é boa porque nos trará 500 dólares, ou nos dará frutos ou oxigênio. Valorizamos uma árvore visando apenas à utilidade que ela tem para nós, humanos. Isso é arrogância humana! Devido a essa arrogância, achamos que podemos fazer o que quisermos com a Natureza. Podemos desmatar florestas tropicais, poluir rios, fazer pesca predatória nos oceanos e envenenar o solo com agrotóxicos porque somos uma espécie superior. Somos a espécie maior. Grupos progressistas vêm tentando livrar-se do nacionalismo, sexismo e racismo, mas estamos vivendo sob o feitiço do especismo. Olhamos para a Natureza como se fosse inferior a nós, nossa servente. Livramo-nos da escravidão humana, mas tratamos a Natureza como se fosse uma escrava. Os animais também são tratados como escravos. Colocamos os animais em fazendas industriais e os submetemos à crueldade. Esse é o resultado do ego humano coletivo, da visão egocêntrica do mundo.

Agora, se quisermos ser alfabetizados em ecologia, nossa visão do mundo terá de passar de egocêntrica para ecocêntrica. O ego vê a Natureza como posse; dizemos *minha* terra, *minhas* árvores, *minha* floresta. Sou o chefe e quem manda aqui sou eu. Esta é a visão egocêntrica de mundo. Na perspectiva ecocêntrica de mundo, não existe propriedade *da* Natureza, mas apenas relação *com* a Natureza. Todos estamos relacionados, todos estamos conectados, e a Terra inteira é o nosso lar. Somos membros desta única comunidade Terra e desta única família Terra. Os pássaros voando no céu, os cervos na floresta, as borboletas nos arbustos, todas as criaturas – pequenas e grandes – são nossas irmãs e irmãos. Todas têm o mesmo direito de existir que os humanos. Os direitos da Natureza são tão importantes quanto os direitos humanos. Na realidade, não há necessidade de direitos humanos porque os direitos da Natureza os incluem, já que todos somos Natureza. Assim como os seres humanos têm direitos de viver, o mesmo se aplica a todos os demais seres vivos.

Em vez de *direitos* humanos, deveríamos falar de *responsabilidade* humana. A Natureza tem direitos e os seres humanos têm a responsabilidade de não destruir, poluir ou denegrir o planeta Terra. Isso é alfabetização ecológica.

Para abraçar a alfabetização ecológica, precisamos compreender o verdadeiro significado de educação. Há uma visão bastante difundida segundo a qual um aluno ou estudante é um recipiente vazio e é responsabilidade do professor preenchê-lo com o maior número de fatos possível. Essa é uma compreensão equivocada de educação. A palavra "educação" vem da palavra latina *educare* – "conduzir para fora" ou "realçar" o que já está lá, revelar o que está dormente, deixar explícito o que é implícito.

As árvores são um bom exemplo. Na Natureza, uma semente torna-se uma árvore, que floresce e dá frutos aos seres humanos e a outros seres vivos. As árvores produzem oxigênio para manter a vida. Em outras palavras, estão a serviço da vida, sustentando-a sem o desejo de autoexaltação. Principalmente quando estão carregadas de frutos, curvam-se para baixo, demonstrando humildade e flexibilidade. Quando adquirimos instrução, também precisamos estar a serviço da vida, aprimorando a comunidade Terra e preservando as relações humanas.

As árvores amadurecem quando submetidas ao calor e ao frio, à chuva e à seca. Nenhuma árvore já conseguiu escapar do estresse. É sofrendo com tempestades e furacões que se tornam fortes e resilientes. Se forem mantidas no conforto de uma estufa e protegidas das condições climáticas, não desenvolverão tanta resiliência nem persistência. Elas têm de estar nos campos e florestas para que possam sustentar-se sozinhas. O ambiente selvagem em que sobrevivem é sua fonte de resistência.

Nos sistemas modernos de educação organizada e institucionalizada, perdemos a noção do selvagem. As pessoas criadas em culturas indígenas conhecem a arte de viver. Usam mãos e pernas, bem como mente e coração. Sabem como se conectar, como se relacionar, como apreciar, celebrar e perseverar. São autoconfiantes. A educação moderna produz seres humanos sem as habilidades e a confiança necessárias para serem resilientes, autossustentáveis e servirem ao outro com altruísmo. A educação moderna gera funcionários, indivíduos que procuram um emprego, e muitas funções consistem em cuidar de máquinas ou lidar com a papelada. Até mesmo os agricultores mal tocam o solo ou as sementes; deixaram de fazer a colheita ou ordenhar as vacas com as próprias mãos. Em geral, dirigem colheitadeiras e tratores enormes. Cada vez mais as fazendas são operadas por robôs substituindo de agricultores.

Os seres humanos não são mais os mestres de suas máquinas; as máquinas se tornaram as mestras dos humanos. As máquinas substituíram as mãos humanas e, na era robótica, nos deparamos com a possibilidade de os robôs tomarem totalmente nosso lugar. A educação moderna não é responsável apenas pela desqualificação, mas também pela desumanização das pessoas.

Para que possamos integrar fatos com sentimentos e passar da informação para o conhecimento, é preciso introduzir a ideia do "aprender fazendo" – usando a cabeça, o coração e as mãos. A sabedoria se manifesta a partir do encontro entre conhecimento e experiência. A função da educação não é produzir números cada vez maiores de consumidores, mas ajudar os seres humanos a se tornar artesãos e criadores, usando sua própria intuição e imaginação, bem como sua habilidade e técnica.

Precisamos oferecer a todas as pessoas oportunidades para desenvolver habilidades artesanais, como cerâmica, marcenaria, tecelagem, conserto de roupas e reparos em geral. O status de fazer algo manual, artesanal, deveria ser equivalente ao status da ciência, da matemática e da literatura. Esse é o jeito de "aprender fazendo", exemplificado pela Small School, pelo Schumacher College e pelo Center for Ecoliteracy.

Chegou a hora de resgatar o significado original de educação; educação como processo de autodescoberta. Ao longo desta aventura educacional, precisamos abraçar incertezas, ambiguidades, dificuldades e adversidades. Em outras palavras, devemos nos preparar para lidar com os problemas em vez de fugir deles. Somente quando os encaramos, podemos usar a imaginação para solucioná-los. No conforto da sala de aula, podemos ter acesso à informação. No requinte das bibliotecas, podemos obter conhecimento, mas a experiência só acontece em meio à tempestade da vida, no áspero terreno da Natureza. Se quisermos levar uma vida de simplicidade, com significado, criatividade e imaginação, teremos de seguir um sistema educacional que nos liberte da ideia de individualismo autocentrado, da noção de separação do "outro", e do conceito de um "eu" desconectado. O treinamento em simplicidade elegante deve estar enraizado no solo das relações corretas. Discutirei esse tema no próximo capítulo.

O caminho simples também é o caminho correto.

Bruce Lee

8. Relacionamentos corretos: estamos todos conectados

Relacionamentos baseados em obrigação carecem de dignidade.

Wayne Dyer

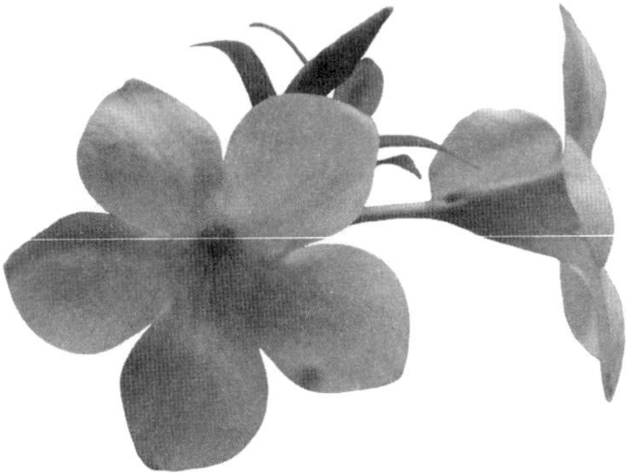

A simplicidade elegante só pode se desenvolver na base sólida dos relacionamentos corretos. Nossas crises – mentais, pessoais, sociais, econômicas, ambientais, políticas, culturais e religiosas – têm como origem a desconexão e a separação. Assim que percebemos que todas as coisas estão conectadas, que todos estamos relacionados, que tudo depende de todo o resto, começamos a encontrar soluções. Por que há crises entre palestinos e israelenses, entre sunitas e xiitas, entre Estados Unidos e Rússia, Índia e Paquistão, cristãos e muçulmanos? Porque nos vemos separados uns dos outros. Quando todas as nossas interações estiverem enraizadas em amizades e relacionamentos amáveis, agiremos alicerçados na paciência, aceitação, tolerância, perdão e generosidade.

Com 27 anos, passei dois anos e meio caminhando pelo mundo, conforme descrevi no capítulo 2. Andei quase 13.000 quilômetros, sem dinheiro, dependendo completamente da hospitalidade dos outros. Consegui fazê-lo porque não havia separação em minha mente. Todos os seres eram minha família e meus amigos. A Terra inteira era meu lar.

Quando meu amigo Menon e eu cruzamos a fronteira da Índia com o Paquistão, eu disse: "Se chegarmos como indianos, encontraremos paquistaneses, russos ou norte-americanos. Se chegarmos como hindus, encontraremos muçulmanos, cristãos, budistas ou judeus. Se chegarmos como gandhianos, encontraremos capitalistas, comunistas ou socialistas. Todos estes são rótulos que nos dividem. Não quero entrar como indiano, hindu nem gandhiano. Quero chegar apenas como um ser humano; assim, não importa aonde eu vá, encontrarei seres humanos. Conseguirei me tornar amigo de todos eles".

Nossa verdadeira identidade é a de membro da única comunidade humana e, além disso, fazemos parte da única comunidade

Terra. As árvores são nossas amigas e parentes; os pássaros que voam no céu, as abelhas e vespas, as borboletas e serpentes, os tigres e elefantes são todos nossos amigos e parentes.

Precisamos compreender que todas as espécies estão inter-relacionadas, todos evoluímos juntos. O Sol aquece o solo, o solo nutre as árvores, as árvores nutrem os pássaros, a chuva nutre as árvores. Todos os seres nutrem uns aos outros. Isto é ecologia.

Tal sistema não pode ser mensurado nem quantificado. Fala-se de serviços de ecossistemas. Quer-se atribuir um valor monetário aos recursos naturais. Entretanto, considero: qual valor devo atribuir ao ar que acabei de inspirar? Esta pequena respiração quanto custaria? Os serviços de ecossistemas poderão atribuir um valor a este ar que estou respirando? Ninguém pode estipular um valor para o ar que respiramos. Podemos dizer: "Minha mãe me amamentou com o leite dela. Quanto custa isso? Cinco dólares? Dez dólares?". Não podemos estabelecer um preço para o leite materno. Quando tivermos essa compreensão, aí sim valorizaremos mais as relações do que as medidas monetárias.

A maneira apropriada de administrar a economia é estabelecendo relações corretas com todas as espécies do nosso lar Terra. Como, até o momento, ainda não se entendeu o verdadeiro significado disso, quando um chanceler ou ministro das finanças trata desse assunto, no fundo refere-se a finanças, bancos e dinheiro. Mas dinheiro não é economia. Deveria ser chamado de "dinheironomia". A verdadeira economia é a terra, a mão de obra e o capital – os três formam seu alicerce. A terra representa a totalidade do mundo natural. Tudo vem da terra e tudo a ela voltará. A gestão sábia da terra – das árvores, rios, montanhas, florestas, solo, animais terrestres e aquáticos – é a base da economia real. Entretanto, o governo diz:

"Cuidar do meio ambiente interfere na economia". Na realidade, nenhuma economia pode existir sem o meio ambiente. É por isso que a terra é o primeiro princípio da economia, que, por sua vez, é uma subsidiária integral do ambiente. Assim, nossa relação correta com o ambiente é fundamental para uma boa economia.

O segundo pilar da economia é a mão de obra, ou seja, as pessoas, sua imaginação, criatividade e habilidades. São elas o verdadeiro patrimônio, que produzem e mantêm a economia. Portanto, relações corretas com outras pessoas e entre pessoas são essenciais a uma economia próspera.

O terceiro pilar é o capital financeiro. Dinheiro é uma medida da riqueza. É como um mapa, usado para localizar o território; mas o mapa não é o território. O dinheiro é um mapa da riqueza, mas não é a riqueza em si. Um milhão de libras esterlinas poderia ser o custo de construção de uma casa; mas o dinheiro não é a casa e a casa não é o dinheiro. Não podemos viver no dinheiro, só podemos viver em uma casa.

Portanto, o capital financeiro e o dinheiro têm seu papel na economia como meio de troca e facilidade de transações, mas devemos mantê-los em seu lugar, sem permitir que dominem todo nosso sistema econômico. A economia monetária transformou a terra e o trabalho em *commodities*, e ganhar dinheiro tornou-se o único propósito das economias modernas. Consequentemente, a terra e o trabalho são vítimas da redução de valor. Precisamos de um sistema que valorize os três aspectos em um nível apropriado, no contexto de um todo integrado.

Esses três aspectos da economia pertencem uns aos outros. No corpo humano, temos cérebro para pensar, coração para sentir, olhos para ver, nariz para cheirar, língua para comer, orelhas para ouvir. Não há separação. Todos os órgãos e capacidades são partes interconectadas de um corpo. O corpo humano é um microcosmo no macrocosmo. O universo inteiro está em nosso corpo; somos poeira estelar, somos feitos de Sol, Lua, terra, ar, fogo, água, consciência, espaço, tempo, imaginação e criatividade – tudo em um único corpo e em constante interação. Porém, no campo da economia, as finanças estão separadas da ética, e o ambiente está separado das pessoas. Essa desconexão é o maior problema da nossa era. A solução é "apenas se conectar". Precisamos restabelecer o vínculo com tudo. Quando nos conectarmos de maneira certa com todos os seres humanos e também com a totalidade do mundo, estaremos em harmonia com nós mesmos e com a integralidade do ecossistema, em sua profusão e diversidade.

A diversidade é fundamental para os relacionamentos corretos; é algo a ser celebrado. Diversidade não deveria ser transformada em divisão. Divisão é o mesmo que dizer: "Você é de esquerda, eu sou de direita" e, em seguida, considerar um lado superior ao outro. A asa esquerda e a asa direita pertencem à mesma ave. Por que deveríamos cortar a asa direita ou a asa esquerda? Precisamos de uma mão esquerda e de uma mão direita; as duas têm o mesmo valor. Quando ambas mantêm uma relação correta, existe totalidade e inteireza. Assim, todas as crises se convertem em oportunidades.

A casa das relações corretas está alicerçada na amizade. A amizade é a melhor e a mais pura relação que existe. Pessoalmente, todo meu trabalho surgiu de amizades; a revista *Resurgence & Ecologist*, da qual fui editor por mais de quarenta anos, é resultado de amizades. Tenho tantos bons amigos que contribuíram com artigos, arte e verba para a revista! A Small School e o Schumacher College desenvolveram-se a partir de amizades.

A amizade é o princípio primordial e básico da minha vida. Levem minha comida, mas não a amizade! Vivo de amizades. É algo absolutamente espiritual. A amizade é incondicional – sem "se" e sem "mas". Não há razão para alguém ser amigo. Não digo: "Sou seu amigo porque você tem boa instrução, ou é rico, ou inteligente, ou bonito, ou tem um bom papo". Essas coisas não vêm à minha cabeça. Sou amigo e tenho amigos porque quero ser amigo. Amizade tem tudo a ver com aceitação, sem expectativas. Damos e recebemos. A amizade está enraizada na gratidão profunda.

Na amizade, só dizemos sim. Só existe o sim. Se alguém me pede ajuda por amizade, sempre digo sim. E se eu pedir ajuda a alguém por pura amizade, na minha experiência sempre respondem sim.

Minha amizade não é apenas para seres humanos. Sinto que sou amigo da Natureza também. Sou amigo da minha casa e do meu jardim. Sou amigo das árvores e das flores. Sou amigo das abelhas. Sou amigo das minhocas, das lesmas e dos caramujos. As ervas daninhas são minhas amigas. Amizade é um termo que se usa principalmente para as relações humanas, mas eu a utilizo num sentido mais amplo.

Meus filhos são meus amigos. Na Índia, quando os filhos completam 16 anos, dizemos que deixam de ser filhos; tornam-se nossos amigos. "Amigo" é um termo melhor do que "filho" ou "filha", pois filho e filha envolvem expectativas.

Você espera algo de seus filhos. Eles esperam algo de você, como pais. Como amigos, você não espera nada. Você os trata de modo respeitoso. É a mesma coisa com minha esposa. Ela é minha amiga. Minha relação com ela não é possessiva. O amor é libertador. Não há servidão nem apego em um casamento assim. Mais uma vez, é uma relação enraizada na aceitação, sem expectativas.

A aldeia onde moro é minha amiga. Aceito-a como é. Não fico julgando. Amo minha aldeia. Amo seu povo, seus vales e árvores. Adoro a paisagem. Moro perto do Oceano Atlântico. O oceano é meu amigo. Toda a Terra é minha amiga. O mundo inteiro é meu amigo. Não importa qual transformação eu esteja tentando trazer à minha vida, à minha sociedade e ao mundo; faço-a com um sentimento de amizade.

Minha casa é minha amiga. De tempos em tempos, requer uma reforma, então, nesses momentos, eu a limpo, conserto e pinto. Às vezes meu jardim também precisa ser renovado; removo as ervas daninhas, adubo a terra ou até deixo o solo em pousio durante um ano. Quando meu corpo precisa ser revitalizado e recuperado, diminuo o ritmo e tiro uma soneca. O mundo é belo, mas a economia e a política da sociedade precisam ser renovadas também. Portanto, trabalho para trazer renovação inclusive a essa área. Participo do processo de transformação. Digo à sociedade: "Tire um cochilo, desacelere, não trabalhe rápido demais nem exagere". É tudo por amizade. O Buda afirmou: "Ao agir rápido demais ou com força demais, você sai do caminho".

Meu trabalho na Small School foi um ato de amizade pelas crianças. Meu trabalho para a revista *Resurgence & Ecologist* é a serviço dos meus leitores. No Schumacher College, minha ação é promover a ecologia e a espiritualidade no mundo. Meu trabalho é curar com amizade.

Portanto, é por pura amizade que eu aconselharia aos líderes da Europa: "Olhem para o Sr. Putin e vejam-no como amigo. Assim, seus conflitos vão se dissolver". Diria ao Sr. Putin: "Trate todos os ucranianos como seus amigos. Você é cristão. O que ensinou Jesus? 'Ame o próximo!'". Diria ao Sr. Netanyahu: "Vocês estão em guerra com os palestinos há setenta anos. O que conseguiram realizar? Tentem ser amigos dos palestinos de uma vez por todas e vejam o que acontece. A amizade cura todas as dores". Aconselharia aos palestinos: "Os judeus estão no exílio há dois mil anos. Chegou a hora de voltarem para casa. Deem-lhes as boas-vindas. Juntos, vocês poderão transformar a Palestina em uma terra de leite e mel". O melhor jeito de ter amigos é sendo amigo. A amizade é a resposta mais fácil e simples a todas as nossas agonias, ansiedades e angústias, a todas as nossas disputas, conflitos e guerras.

Na amizade, não há expectativas. As coisas nunca são como esperamos e as expectativas costumam gerar desapontamento. Pratico a aceitação. Sou desprendido, sigo em frente; não estou preso, não há escravidão. O desapego traz liberdade. Ao trabalhar pela transformação do mundo a partir da amizade, trabalho então para minha própria mudança, pois sou amigo de mim mesmo. No sentido cósmico da amizade, expando minha consciência, vejo meu eu maior, o eu universal. Neste corpo, sou o microcosmo do macrocosmo. Este é o significado profundo de amizade no budismo, que vai além dos nossos conhecidos do dia a dia.

No campo da amizade, plantamos as sementes do amor com as mãos da humildade. Espalhamos o adubo da bondade e irrigamos o solo da alma com a água da generosidade.

Precisamos agradecer, com enorme gratidão, por todas as dádivas da vida que recebemos a cada dia. Dessa maneira, seremos abençoados com os frutos da liberdade. Ser amigo traz doçura à vida e ter amigos é uma bênção.

Não importa se somos russos ou norte-americanos, judeus ou árabes, xiitas ou sunitas, comunistas ou capitalistas, independentemente do rótulo, acima de tudo, somos seres humanos. Nossa identidade humana primária supera qualquer outra identidade secundária. É por isso que devemos desenvolver as relações pessoais, políticas, econômicas e ecológicas com base na amizade.

A amizade é o único vínculo capaz de manter a humanidade unida. A partir da filosofia da amizade, percebemos que estamos todos conectados, somos todos membros da mesma família, somos todos interdependentes.

Quando o Buda respirou pela última vez, Ananda lhe perguntou: "Como gostaria de reencarnar na próxima vida?". O Buda respondeu: "Não como profeta, não como mestre, mas apenas como *maitreya*. Quero reencarnar como amigo". Sempre que a amizade está presente, Deus está presente. Deus vem a nós na forma de amigo.

Você pode me considerar idealista. Sim, sou idealista. Porém, pergunto-lhe: quais as conquistas dos realistas? Guerras? Pobreza? Mudança climática? Os realistas governaram o mundo por tempo demais e não conseguiram trazer paz e prosperidade a todos. Portanto, que tal dar uma chance aos idealistas e deixar que a amizade seja o princípio organizador da vida e do mundo? Talvez não tenhamos 100% de êxito. Tampouco atinjamos a utopia, mas quem sabe possamos maximizar o poder da amizade e minimizar a força dos conflitos. Sem termos inimigos, sem gerarmos inimigos, sem sermos inimigos. Vale a pena tentar.

Não há melhor maneira de estabelecer uma relação correta do que pela amizade. Portanto não ofenda nem se deixe ofender.

Animosidade, conflito, discussões, raiva, isolamento e solidão deixam a vida complicada e confusa demais. Relações corretas, apoiadas na pureza da amizade, tornam a vida simples e direta. Porém, o ideal de amizade transcende as boas maneiras, ou gestos sociais superficiais ou uma etiqueta diplomática conveniente. Relações não são obrigações; são o próprio arrimo da nossa existência. O relacionamento e a amizade devem ser fruto de todo amor autêntico e radical. Considerando isso, como o amor nos traz à simplicidade e como a simplicidade nos leva de volta ao amor?

> *A elegância é atingida quando todo o supérfluo é descartado. Quanto mais simples a postura, mais bela ela será.*
>
> Paulo Coelho

9.
Amor sem limites

*Nenhum charme equivale
à ternura do coração.*

Jane Austen

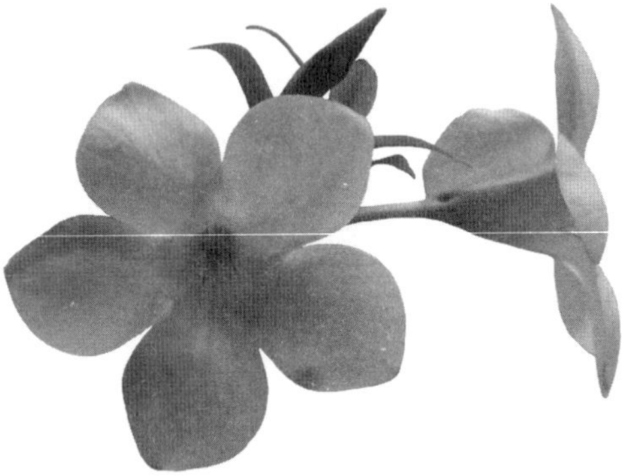

A expressão mais pura e profunda da simplicidade elegante vem da experiência do amor. O amor é como o vento; não o vemos, mas o sentimos.

Amar é aceitar o outro como é, sem julgar. Da mesma maneira, amar é me aceitar como sou. Com base na aceitação, participamos do processo de evolução, transformação e mudança. Amar é fluir com a vida e crescer no brilho da mutualidade graciosa.

Em primeiro lugar, precisamos nos apaixonar por nós mesmos. Em geral queremos nos apaixonar por outra pessoa sem amar a nós mesmos. A autoaceitação nos prepara para aceitar os outros. Precisamos nos aceitar incondicionalmente para aceitarmos o outro de igual forma.

Quando vamos a uma festa, nos preparamos. Lavamos o rosto, escovamos o cabelo, nos vestimos, calçamos bons sapatos. Quando estivermos prontos, iremos à festa. Do mesmo modo, se pretendemos nos apaixonar por alguém, devemos prestar atenção a nós mesmos. Vou me apaixonar porque estou feliz, tranquilo e livre.

Cristo disse: "Ame o próximo como a si mesmo". "Si mesmo" é uma expressão fundamental. Ame os outros do mesmo jeito que ama a si mesmo. Em outras palavras, se você não ama os outros é porque não se ama. O outro é apenas uma extensão sua. Amar-se não é egoísmo! Se você não conseguir se amar, como poderá amar alguém e por que esperar que alguém o ame?

Aceitar-se como é e amar-se por ser quem é – este é um pré-requisito para amar os outros como são e por serem quem são. Esta é a realidade do interser. Somos todos interdependentes. Somos feitos uns dos outros. Portanto, amar-se não significa estar separado ou isolado dos outros.

Amor-próprio não tem nada a ver com orgulho, arrogância ou ego. É o ego que ergue os muros da separação. É o ego que deseja títulos, fama e reconhecimento. Sua função é cobiçar prestígio, poder e dominação.

Assim como o solo é a origem de todos os frutos, flores e alimentos, a alma é a base do intelecto e da imaginação, do amor e da compaixão. E assim como o solo é a fonte de ervas daninhas, espinhos e de tudo o que há de áspero e agreste, duro e escarpado, a alma é a base da ansiedade, angústia e agonia. Precisamos aceitá-las e transformá-las com amor. O amor a si mesmo, o amor ao próximo, o amor às pessoas e o amor à Natureza são um contínuo. Precisamos ser gentis com nós mesmos e com os outros para que ninguém sofra. Esse é o amor radical.

No amor radical, não quero *ter* um amante; em vez disso, quero *ser* um amante. Ao dizer "eu te amo", ofereço meu amor incondicionalmente. Se o outro me ama, ou não, está fora do meu controle.

Como amar alguém? Devo amar com base nas minhas condições ou nas condições da pessoa que amo? Se o amor for verdadeiro, não direi: "Te amarei se você for assim ou assado". No momento em que estabeleço condições para meu amor, o verdadeiro amor deixa de existir. Apaixonar-se é renunciar ao ego, é declarar: "Te amo como você é, não importa quem você seja", sem impor condições, sem expectativas. Esse é o amor puro e verdadeiro em todos os níveis – físico, emocional e espiritual. Amor livre de desejo. O amor sem desejo não exclui o romantismo. O amor romântico inclui o amor sexual, mas vai além dele. É o amor com todo o ser, corpo e alma.

Poetas românticos, como Wordsworth, apaixonaram-se pela Natureza. Outros pintores românticos, como Turner, apaixonaram-se pela paisagem. Shelley e Keats apaixonaram-se pela vida. O romance é parte integrante do amor. Precisamos nos apaixonar do mesmo modo como Wordsworth se apaixonou pelas flores. Apaixonar-se não é uma experiência única na vida. Podemos nos apaixonar todos os dias, assim como Turner apaixonou-se pelo mar todos os dias. Um amante diz à sua amada: "Querida, como você é linda, como você é maravilhosa! Você é encantadora! Você continua comigo apesar das minhas deficiências, de meus defeitos, de meu comportamento terrível. Sou abençoado. Eu te amo".

Em nossa era racional, aprendemos que não é bom ser romântico. Isso é um erro. Temos de trazer o romance de volta à vida. Amor não é uma questão de pragmatismo; não é casamento de conveniência. Amor é uma união de corpo e alma. Uma relação amorosa é a coisa mais preciosa que existe. A união de duas pessoas de temperamentos e culturas diferentes. Não é fácil aceitar tais diferenças. Quando decidem ficar juntas, não se fundem uma à outra. Apaixonar-se não é uma fusão. Unimo-nos para ficar lado a lado. Um mais um não é igual a dois; é igual a onze: $1 + 1 = 11$. Em um relacionamento amoroso, dizemos: "Sou seu apoio. Estou aqui para você. Conte comigo".

Devido à nossa criação e condicionamento, talvez estejamos habituados a fazer as coisas de determinada maneira. Quando começamos a aceitar e a apreciar o jeito que outra pessoa faz as coisas sem esperar que ela faça as coisas do nosso jeito, passamos a formar a base de uma relação verdadeiramente amorosa e resiliente. Nos relacionamentos íntimos, são as pequenas coisas que realmente importam. Pequenas discórdias podem gerar grandes conflitos. Um grande e belo livro é constituído por pequenas sentenças belas. Uma grande relação amorosa é composta por pequenos atos de bondade.

O universo não existiria sem amor sexual. Quando um homem e uma mulher se unem, se abraçam, se beijam e fazem amor, concebem uma criança. Cada um de nós é produto do amor romântico. Deveríamos celebrar o amor sexual sem constrangimento. Podemos louvá-lo, cantá-lo e escrever poemas sobre ele. Dar meu corpo a outra pessoa e receber o seu dentro do meu é um belo ato. Seres humanos, animais, plantas, abelhas e flores se juntam nessa união tão íntima. O projeto do universo baseia-se na biologia do amor. Sem a união de homens e mulheres, Shiva e Shakti, yin e yang, a vida não pode existir. O universo é a união no amor. O amor é a fonte da procriação e do prazer.

Cada um dos sentidos tem um duplo propósito. Um deles é permitir-nos viver. O outro é dar-nos prazer. Por exemplo, a comida é combustível para o corpo. Poderíamos tomar suplementos de vitaminas e de proteínas e sobreviver. Porém, a subsistência, por si só, não basta. O projeto universal consiste em tornar o alimento saboroso, perfumado e colorido para que não seja somente uma fonte de nutrição, mas também uma fonte de contentamento. Dizemos: "Que comida deliciosa – morango, maçã, batata assada, arroz, oba!". Olhamos para as flores e sentimos prazer. Ouvimos música e poesia e elas nos dão prazer. Nosso corpo foi feito para sentir deleite da mesma maneira que foi feito para desempenhar todas as suas funções. Ele absorve a alegria como papel mata-borrão.

Da mesma forma, o sexo está voltado à procriação e à reprodução, mas o projeto do universo é tão grandioso que, enquanto concebemos um bebê, também estamos expressando mutuamente amor, dando e recebendo prazer, alegria e deleite. Desempenhamos funções e sentimos prazer ao mesmo tempo. Envolvemo-nos em relacionamentos amorosos com um toque de sagrado, de beleza, de respeito, de reverência e renúncia ao ego. É aí que se encontra a alegria. Sexo sem amor é como uma flor sem fragrância ou um poço sem água.

Na Índia, o sexo é sagrado. Quando vamos a um templo de Shiva, o que encontramos? Não um altar, não uma estátua nem uma imagem, mas um falo unido a um órgão feminino. O órgão masculino e o feminino em união são venerados. São Shiva e Shakti. Se o Ocidente tem a poesia e a pintura românticas, o Oriente tem uma religião romântica.

No templo de Khajuraho, na Índia central, podemos ver estátuas em 84 posturas da união sexual, explicitamente retratadas. Trata-se de um templo, não de um museu; não é uma galeria de arte, nem uma casa noturna; é um templo. Vai-se até lá para adorar os deuses e as deusas fazendo amor.

Na Índia, não existe um deus sem uma deusa. Shiva está com Shakti, Rama com Sita, Krishna com Radha e muitas outras devotas, chamadas *gopis*.

Ao nos referirmos aos deuses hinduístas, o nome feminino precede o masculino. Dizemos Sita Rama, não Rama Sita. Sita é feminino e Rama é masculino. Lakshmi Narayan, não Narayan Lakshmi. Lakshmi é o nome feminino e Narayan é o masculino. Radha Krishna. Radha é o feminino, Krishna é o masculino. A mulher sempre vem primeiro por ser ela quem dá existência ao mundo. É o princípio da mãe, um princípio supremo. No Sri Aurobindo Ashram, em Auroville, o templo não é de Sri Aurobindo, e sim de sua mãe: Matrimandir, "templo da mãe". Em última instância, é na união do masculino com o feminino que habita o deus do amor. Na Índia, o Deus é um deus do amor, e a religião é uma religião do amor – é simples assim!

Na união masculino-feminino, os hindus praticam o sexo tântrico. Permanecem no estado de orgasmo o maior tempo possível. Acreditam que tal estado é o de mais elevada transcendência, uma renúncia completa ao ego. Tudo é suspenso. No estado de orgasmo, o amado pessoal encontra-se num modo de união com o amado divino. Os amantes permanecem em êxtase total e em equilíbrio. A mente fica completamente livre da dualidade e de divisões.

Quando estamos apaixonados de verdade, permanecemos apaixonados o tempo todo. Estamos apaixonados a cada momento. Ao despertar, apaixonamo-nos pelo belo céu e pelo nascer do sol, pelas flores e borboletas. Vemos deus em um grão de areia e nosso amado divino em uma folha de relva. Apaixonamo-nos por uma mulher, por um homem, pelos pais, pelos filhos, por todos. É amar simplesmente por amar. Não há outra motivação. Não venero nenhum outro deus, a não ser o deus do amor.

O amor é o meio e também o fim; é o caminho e também o destino. Não há caminho para o amor; ele é o caminho. O amor é um modo de ser. Temos de aprender a amar o que fazemos e fazer apenas o que amamos. Conforme afirmou Confúcio: "Se você escolher fazer o que ama, nunca precisará trabalhar, nem por um único dia em sua vida".

O amor é ilimitado e incondicional. Não há pensamentos como "Amarei você *se* você me amar", ou "Amarei você, *mas* você terá de ser bom". O verdadeiro amor consiste em amar mesmo quando alguém é menos que perfeito, pois é o amor que torna todos perfeitos. É fácil amar alguém que o ama e que é bom. No entanto, o verdadeiro amor incondicional consiste em amar mesmo sem ser correspondido. O amor não é para covardes. Requer coragem e convicção. O amor é cultivado no solo da graça e da gratidão.

Nosso mundo não é sustentado pela raiva, orgulho, ódio, agressão ou guerra. Essas forças negativas são o lado sombrio da nossa natureza. Em última instância, somos sustentados pelo amor. Generosidade, bondade e confiança são diferentes aspectos do amor. A essência da vida é o amor.

Na esfera pessoal, com que frequência ficamos bravos? Uma vez por dia? Dia sim, dia não? Uma vez por semana? Quando realmente ficamos com raiva, quanto tempo dura? Cinco minutos? Cinco horas? Cinco dias? A raiva e o ódio são ocasionais e duram pouco, pois o que persiste é o amor. O amor é eterno.

Existem cerca de sete bilhões de habitantes no mundo. Quantas pessoas se envolvem, o tempo todo, em guerras e atos agressivos? Cinco milhões? Dez milhões? É sempre uma minoria. A maioria vive em paz e amor com as demais, ajudando e cuidando um do outro.

Os ditadores e tiranos não são nossos heróis. O Buda e Jesus Cristo são seguidos por milhões, pois percorreram o caminho do amor. O mundo admira Mahatma Gandhi, Nelson Mandela, Madre Teresa e Martin Luther King por terem pregado e praticado a política do amor. Quem quer seguir os passos de Hitler ou Stalin? Mesmo quando alguns revolucionários armados são louvados, não são admirados por sua violência, mas pela sua luta por justiça e pelo seu amor ao povo. Os governos depositaram sua fé na força das armas, mas a população em geral vive pelo poder do amor e é mais feliz por isso. O amor é o ideal e é também a política na prática. No amor encontramos a verdadeira segurança.

Amar é aceitar o agridoce, os ganhos e as perdas, a dor e o prazer, tudo com equanimidade. No momento em que o amor entra em jogo, por meio da imaginação, transformamos a ilusão da separação em uma unidade entre tudo; assim, a dualidade torna-se unidade. Transcendemos o gostar e o desgostar e nos envolvemos na celebração da vida como ela é. Quando bebemos o doce néctar do amor, ocorre um milagre. Há uma transformação. Segundo Jalal ad-Din Rumi, o poeta sufi:

> *Por meio do amor, o amargo torna-se doce*
> *Por meio do amor, moedas de cobre tornam-se ouro*
> *Por meio do amor, a borra torna-se límpida*
> *Por meio do amor, a dor torna-se cura...*
> *Este é o poder transformador do amor.*

A vida é uma paisagem de amor, e o amor é a celebração da vida. O amor não é lógico, o amor é pura magia. O amor é pura poesia e puro prazer.

Permita-se ser tomado pela força do amor. Amar é ser livre de crítica, queixa e comparação. Praticar o amor universal é reconhecer que aqueles que se comportam mal o fazem porque não foram amados. W. H. Auden vai além ao declarar: "Aqueles a quem se faz mal / Fazem mal em troca".

E William Blake nos afirma:

> *O amor é sempre cego às falhas,*
> *Tendendo sempre à alegria,*
> *Sem leis, alado, sem limite,*
> *E rompe todas as correntes de cada mente.*

Quando Cristo disse: "Ame seu inimigo", não disse por dizer. Estava falando sério. Acreditava que *amor vincit omnia*, "o amor conquista tudo". Por amor, um inimigo torna-se amigo. O amor não mantém um registro de transgressões. O amor requer coragem para dar a outra face. Amar é ser valente. Entoe a canção do amor e todas as suas preocupações e sofrimento evaporarão! Viva no êxtase do amor. Assim você será sustentado pelo amor.

Amar é ver deus, pois deus é amor e o amor é deus. Para os místicos e poetas sufis, deus se manifesta como o amado, e o amado, como deus. O amor é a maior religião da Terra. O amor é a mãe de todas as virtudes; a paz e a compaixão, a generosidade e a humildade nascem do amor. O amor é majestoso e magnífico. Onde há amor, há esperança. Ame e regozije-se.

Os amantes não se ofendem e não ofendem; não consideram o outro inimigo, não geram inimigos, não têm inimigos. A animosidade é consequência do ódio, e a amizade, do amor. Da mesma maneira que as abelhas amam as flores e produzem mel, os amantes se amam e produzem felicidade. O amor é o propósito da vida e por meio dele encontramos o significado da vida.

Viver é amar e amar é assumir riscos, o risco de ser magoado, o risco da possibilidade de não ser correspondido. Não deseje ser amado por alguém; simplesmente seja alguém que ama. Ser amado por alguém é resultado de amar alguém.

O amor desperta a alma, nutre o coração, traz alegria à vida. O amor é o mantra mais belo da mente. O bálsamo do amor cicatriza todas as feridas, as feridas da raiva e da ansiedade, as feridas do medo e do ressentimento.

O amor-próprio, o amor por quem se ama, o amor pelas pessoas e o amor pela Natureza são um contínuo. Precisamos ser gentis com nós mesmos e com todos os outros para que ninguém sofra e todos possam sentir a alegria do amor e beber seu néctar.

Para nós, amar é tão natural quanto respirar. Segundo Rumi: "Sua tarefa não é ir à procura do amor, mas simplesmente buscar e encontrar dentro de si todas as barreiras que você construiu contra ele".

Esse amor totalmente inclusivo manifesta-se de muitas formas, como a filologia (amor pelo aprendizado), filosofia (amor pela sabedoria) e a filantropia (amor pelas pessoas). De uma maneira mais íntima, vivenciamos o amor erótico. Como é lindo apaixonar-se e estar nos braços do ser amado! Entretanto, apaixonar-se não é algo que acontece uma única vez na vida. Se quisermos, podemos e devemos nos apaixonar todos os dias. Apaixonar-se é um milagre. Nascemos graças ao ato de fazer amor. Somos todos filhos do amor. Não existe pecado original, mas tão só amor original.

O amor nos leva além da razão, além do intelecto e além da descrição. O amor nos traz a um lugar além do certo e do errado, a um espaço de magnanimidade e generosidade. Isso é o amor profundo pela vida. Tudo de que precisamos é amor, pois o amor é tudo. O amor é a resposta. Qual é a sua pergunta?

Entretanto, somos humanos e, de vez em quando, abandonamos a graça do amor e caímos na desgraça do ódio, da raiva e do ressentimento; do mesmo modo que nosso estado normal é de saúde, mas, às vezes, adoecemos e necessitamos de medicamentos para curar a doença. Analogamente, se somos dominados pelo mal do ódio, carecemos do remédio do perdão. O perdão é o antídoto do ódio, do medo e da raiva. Ódio, medo e raiva podem invadir nossas emoções, a mente e a alma. Com a "vassoura" do perdão podemos varrer a poeira da mente e recuperar a simplicidade do amor. Habitaremos a morada do perdão no próximo capítulo.

*Quando sei que o suficiente é suficiente,
já tenho o suficiente. Se não sei quando o
suficiente é suficiente, jamais terei o suficiente.*

Provérbio indiano

10.
O poder do perdão

É um dos maiores presentes que você pode dar a si mesmo – perdoar. Perdoe a todos.

Maya Angelou

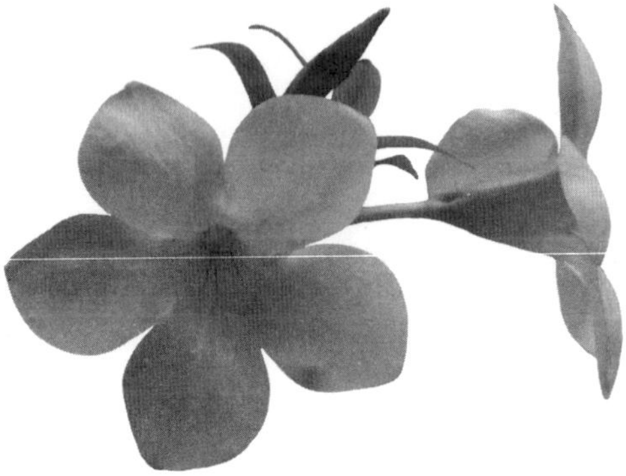

Para ter uma vida simples e praticar a simplicidade espiritual, tive de adquirir o poder do perdão. Durante minha caminhada de quase 13.000 quilômetros por distintos continentes, deparei-me com armas em duas ocasiões. A primeira vez em Paris, e a segunda em Atlanta, Geórgia, nos Estados Unidos. Em Paris, um francês branco portando uma arma me confundiu com um terrorista argelino. Naquela época, a guerra da Argélia estava chegando ao fim e ele achou que eu poderia ser perigoso. Foi irônico. Eu acabara de percorrer todo o caminho da Índia a Paris, via Moscou, promovendo a paz, a não violência e o perdão, e aqui estava eu, no centro da civilização, erroneamente identificado como alguém violento, talvez até um terrorista.

Escapei da morte graças à amiga que eu estava visitando. Ela explicou ao homem que portava a arma que eu não era terrorista, mas sim amigo dela, um pacifista. Mais tarde, ela quis denunciar meu agressor à polícia, mas me opus: "Esse homem com uma arma na mão está tomado pelo medo. Teme perder algo, talvez sua superioridade de homem branco, ou então sua própria vida, ou quem sabe tenha outro tipo de medo. No final, terá de fazer as pazes com seu próprio medo e superá-lo. Prendê-lo não resolverá a situação".

Minha anfitriã objetou: "Mas você poderia ter morrido!".

Respondi: "Sim, poderia, mas só se morre uma vez. Uma pessoa pode ter uma vida longa e repleta de medo e vingança. Não quero viver assim".

A segunda história é parecida. Em 1964, após uma reunião com Martin Luther King em Atlanta, Geórgia, um amigo inglês me convidou para ir a um restaurante sem saber que era exclusivo para brancos. Ao ver que os garçons recusavam-se a nos servir, fui falar com o gerente para pedir uma explicação. Ele me disse: "Não lhe devo explicações. Saia daqui agora. Sem conversa".

Respondi: "Não sairei daqui". A essa altura, já tinha percebido que o motivo da recusa era a cor da minha pele.

"Saia!", gritou. Garçons e clientes se aproximaram.

Falei: "Desculpe-me, por que está tão bravo? Não lhe causei nenhum dano. Só estou pedindo uma xícara de chá. Podemos pagar adiantado. Algum problema?".

O gerente abriu uma gaveta, sacou uma arma e ameaçou: "Saia daqui já ou...". Mais gente já havia se aproximado e, com os garçons, me pegaram e me empurraram para fora do local.

Mais tarde, denunciei o incidente ao Departamento do Estado, pois achava que o governo dos Estados Unidos deveria saber o que estava acontecendo nos restaurantes de seu país. Minha intenção não era punir o proprietário, mas quem sabe, mudar a lei. Tudo o que recebi foi um pedido de desculpas do tal departamento. De qualquer forma, não fiquei ressentido. O dono do restaurante estava agindo por medo – medo de perder sua superioridade branca, medo de ser esmagado pelo poder da minoria negra. Martin Luther King declarou que a comunidade branca não precisaria temer os negros. A comunidade negra não deseja controlar a branca, mas também não quer ser controlada por ela. Somos todos iguais aos olhos de Deus. Não importa nossa cor; todos temos sangue vermelho sob a pele. A dignidade humana fundamental e a dignidade da vida são prerrogativa de todos nós.

Aprendi que a arte do perdão pode caminhar de mãos dadas com a arte de agir por justa causa. Perdoar não significa render-se à injustiça; e agir em nome da justiça não é vingar-se ou causar danos ao adversário.

Para mim, a prática do perdão remete-se às minhas raízes jainistas. Durante minha infância como monge, até completar 18 anos, eu recitava um mantra do perdão todas as noites, antes de dormir:

Perdoo todos os seres vivos nesta terra.
Imploro o perdão de todos os seres vivos.
Prezo a amizade com todos os seres vivos.
Não tenho inimigos.

Quando me esquecia de recitar essa oração antes de me deitar, eu me levantava, fechava os olhos, permanecia parado e recitava o mantra duas vezes. Não era uma questão de apenas pronunciar as palavras. Eu sentia o significado profundamente, acompanhado de uma sensação impactante de unidade com toda a vida. "A ideia de que qualquer um pode ser seu inimigo é mentira", disse meu guru. "É o seu próprio medo que faz com que você torne o outro seu inimigo. Portanto, seu inimigo é seu próprio medo. Conquiste o medo e terá conquistado todos os inimigos."

Além dessa prática diária, os jainistas têm um festival anual do perdão. Durante as monções, há um dia no qual todos jejuam por 24 horas. Eu não consumia nada, só água fervida, e passava todo o período de vigília relembrando pensamentos, palavras ou ações que poderiam ter sido grosseiras ou prejudiciais, e que poderiam ter magoado alguém ao longo daquele ano. Era um período de reflexão sincera e genuína. Eu repetia as palavras: "Perdoo, perdoo, perdoo" após cada recordação de raiva, irritação ou arrogância. Da mesma maneira em que pedia perdão aos outros, eu também me perdoava por minhas falhas.

Lembro-me nitidamente que após 24 horas de desintoxicação física e mental sentia-me leve e purificado, como se um peso enorme fosse tirado dos meus ombros. Ao final do jejum, ia ao encontro de meus amigos e familiares e lhes pedia perdão cara a cara. Prostrava-me e tocava os pés de meus companheiros monges, dizendo-lhes com toda sinceridade que eu não guardava nenhuma mágoa nem rancor, mesmo que eles tivessem me aborrecido. Estava ali para pedir perdão e perdoar.

Nessa data, os jainistas também escrevem cartas pedindo perdão e perdoando, caso seus amigos e parentes não estejam perto o bastante para fazê-lo pessoalmente. Perdoar-se, perdoar seus companheiros da espécie humana e pedir perdão aos outros geram a base para que a compaixão, a generosidade, a mutualidade, a reciprocidade, a comunicação e o amor possam ser cultivados. Não pode haver harmonia e paz sem perdão.

Livrar-se do medo é fruto do perdão. Quando estamos livre do medo, podemos gerar condições propícias à criatividade tão necessária ao bem-estar humano. Se estamos fervilhando de ódio e desejo de vingança, somos incapazes de atingir a plenitude física, mental ou espiritual. Felicidade é consequência de uma mente tranquila. De acordo com o jainismo, o propósito da vida é encontrar a felicidade, ou *ananda*. A felicidade se manifesta quando não criamos inimizade, quando não temos inimigos e quando não ofendemos nem nos sentimos ofendidos. Se alguém é hostil conosco, podemos dissolver a animosidade por meio da paciência e do perdão.

O perdão só é possível quando nos magoam, ferem ou insultam. Ações negativas como essas nos dão a chance de cultivar e manifestar compaixão – o antídoto da vingança. Se ninguém agisse de maneira negativa ou prejudicial, não teríamos oportunidade de praticar o perdão. Se uma pessoa nos magoa e damos o troco, descemos ao nível dela. A violência dela, somada à nossa, dobra a intensidade da violência. O aumento da agressão não ajuda ninguém. Não é possível apagar o fogo adicionando mais combustível. Só podemos apagar o fogo da agressão e da raiva com a água do perdão. A água do perdão não é um mero processo passivo, isento de reações negativas. A água do perdão é uma ação positiva para vermos o que há de bom em um indivíduo, mesmo quando nos deparamos com a negatividade extrema.

Vinoba Bhave costumava nos falar da "nobre estrada para o perdão". Alguns céticos só conseguem ver defeitos nos outros. Tal ceticismo os impede de praticar o perdão. Por outro lado, há pessoas que veem algo de bom e algo de mau em todos; são os racionalistas. Elas também têm dificuldade em praticar o perdão. Há ainda aquelas que veem principalmente o bem em todos. Estas podem começar a praticar o perdão. E, por fim, há aquelas que, ao encontrarem alguma pequena virtude nos outros, a engrandecem, rasgando elogios e valorizando-a de modo exuberante. Estas estão na nobre estrada para o perdão.

Questionei se esse tipo de comportamento era honesto e genuíno. Vinoba respondeu que ao encontrarmos uma pequena virtude em alguém, precisamos perceber que essa boa qualidade representa um reservatório de virtude oculta no coração dessa pessoa. Ao focarmos nessa virtude, a iluminamos. Seria o mesmo que ler um mapa no qual 1 centímetro representa 10 quilômetros. Embora vejamos 1 centímetro no mapa, sabemos que na vida real são 10 quilômetros. Assim também, podemos olhar para uma pequena virtude de alguém que se comporta mal e saber que ele tem o potencial de se tornar santo. Na realidade, é possível transformar uma pessoa má em um santo por meio do perdão.

O próprio Vinoba tinha grande generosidade de espírito. Não me surpreende que era capaz de inspirar e persuadir proprietários de terras, geralmente considerados mesquinhos e gananciosos, a doá-las e a compartilhar seu patrimônio com os pobres sem-terra. Foi um milagre Vinoba ter conseguido arrecadar 1,8 milhão de hectares em doações, que foram distribuídos entre os mais necessitados, entre trabalhadores desprovidos de qualquer posse. Durante reuniões públicas na presença de Vinoba, os proprietários de terras pediam perdão aos pobres cujas famílias eles haviam explorado por tantas gerações. Em troca, os trabalhadores sem-terra perdoavam os proprietários cujo regime havia causado sofrimento a eles e a seus ancestrais. A troca de perdão cicatrizou as feridas de muitas gerações. No final, em grande número de aldeias houve reconciliação e paz.

Outro exemplo na vida de Vinoba foi a rendição de bandidos e *dacoits* (assaltantes armados) que devastavam e saqueavam a população rural da Índia central. Isso aconteceu porque Vinoba ousou ir ao encontro deles com amor e com a força do perdão. Dirigiu-se a eles com respeito: "Vocês são rebeldes. Eu também sou rebelde. A única diferença entre nós é que eu uso a arma da compaixão. Mesmo assim, admiro-os por seu espírito de rebelião e coragem. Vamos nos unir e trazer justiça e equidade à nossa sociedade". Até então todos haviam condenado esses indivíduos, chamando-os de criminosos, mas Vinoba os considerava rebeldes, homens de coragem. Suas palavras promoveram uma mudança no coração desses rebeldes armados, que entregaram as armas, pedindo e oferecendo perdão. Foram processados e condenados a um período de encarceramento, mas conquistaram um novo respeito e admiração do público, da imprensa e do governo. No final, eles e suas famílias foram reabilitados, recebendo terras e capital para abrir sua própria indústria caseira.

Apesar de ter conhecido o ritual anual do perdão na época em que era um jovem monge, na idade adulta aprendi que a prática do perdão nem sempre é tão simples. Em alguns casos, podem ser necessários vários anos para se atingir um estado de perdão total. Tive de me esforçar por muito tempo para perdoar minha mãe e meu guru.

Minha mãe era flexível e tolerante na maioria das situações da vida, mas, em relação a princípios religiosos, era rigorosa, praticamente rígida. Quando deixei a ordem monástica e fui para casa esperando uma acolhida calorosa da minha amada mãe, fiquei totalmente chocado ao ouvi-la dizer: "Não. Você não pode voltar para casa". Não me ofereceu nem ao menos um copo d'água.

"Mas sou seu filho", supliquei.

"Não. Você não é. Você renunciou ao próprio lar nove anos atrás, comprometendo-se a ser monge para o resto da vida. Portanto volte para o Gurudev, peça-lhe perdão e implore para ser readmitido na ordem."

Não podia acreditar no que estava ouvindo. Era ela a mesma mãe que me amava tanto? Fiquei profundamente desapontado, zangado, com raiva.

"Não voltarei ao monastério", respondi, "e você nunca mais me verá". Com essa ameaça, dei-lhe as costas e parti em direção a um *ashram* gandhiano em Bodhgaya.

Muitos anos depois, minha mãe e meu guru conversaram. Ele disse-lhe: "Seu filho ainda possui o espírito de monge: percorreu o mundo caminhando, do mesmo modo que um monge o faria;

viajou sem dinheiro; tem promovido os princípios da paz e da não violência. Estou muito impressionado com as ações dele".

Ao ouvir o Gurudev, o coração de minha mãe abrandou. De alguma maneira, ela descobriu que eu estava morando em Varanasi. Foi até lá para me encontrar. Eu continuava bravo e ressentido com ela. Não conseguia me esquecer da época em que não tinha onde morar, não tinha um centavo no bolso; sentia-me vulnerável e minha mãe me rejeitara.

"Vim para vê-lo e pedir perdão." Essas foram as primeiras palavras da minha mãe. Fiquei pasmo. O que dizer? O que fazer?

"Embora você tenha abandonado a vida monástica, o que você fez com a peregrinação pela paz foi o ato de um monge. De qualquer maneira, estou arrependida por tê-lo rejeitado. Você está trabalhando para promover a paz no mundo. Hoje valorizo suas realizações. Quero estar em paz com você. Vim para dar-lhe a bênção de uma mãe."

Jamais esperaria isso. As doces palavras de minha mãe derreteram meu coração. Viera sozinha do Rajastão, viajando mais de 800 quilômetros, fazendo duas baldeações de trem. Era a primeira vez que vinha a Varanasi desde que ela e eu espalhamos as cinzas do meu pai no Ganges. Sua humildade e generosidade comoveram meu coração.

"Obrigado, mãe", respondi, "mas esses dez anos foram muito difíceis. Consegui encontrar outro guru (Vinoba), consegui fazer novos amigos, mas não pude encontrar outra mãe. Sua rejeição me feriu. Estou contente por você ter vindo e me perdoado. Também a perdoo por me rejeitar. Você não me deu só a minha vida; você me deu sua sabedoria e sou muito grato". Enquanto eu dizia essas palavras, um rio de lágrimas escorria pelo rosto de minha mãe. Eu também estava chorando. Nós nos abraçamos. Foi o abraço mais demorado e apertado da minha vida.

Quando deixei a vida monástica, meu guru Tulsi ficou extremamente insatisfeito; na realidade, mais do que insatisfeito, ficou furioso – algo inesperado, em se tratando de um mestre espiritual realizado e tão respeitado. Tulsi não era apenas meu guru, era como um pai para mim. Não medira esforços para cuidar de mim, para me ensinar. Importava-se comigo. Minha saída da ordem foi uma dupla traição: a quebra do voto de permanecer monge para o resto da vida e minha deslealdade e ingratidão, ao rejeitar Tulsi em favor de uma vida mundana, terrena.

Logo depois que deixei a vida monástica, Tulsi mandou seus seguidores laicos me pegarem e me dissuadirem de ir embora. Tentaram me forçar a voltar para o monastério. Tulsi até arriscou influenciar Vinoba para que me impedisse de tornar-me membro de seu *ashram*. Felizmente, Vinoba ignorou seus esforços. Esse tipo de ação só reforçou minha rebeldia e iniciei uma campanha contra a religião organizada em geral e, em particular, contra minha seita jainista. Tornei-me presa de um antagonismo feroz contra meu guru durante pelo menos sete ou oito anos. Tulsi deixou claro, por meio de seus seguidores, que nunca mais me veria na vida. Foi um período de longa amargura para ambos.

Mas o tempo cura tudo. Tulsi parecia rastrear meus passos e minhas ações. Minha caminhada pelo mundo promovendo a paz suavizou seu coração. Teceu elogios a meu respeito para minha mãe e, no entanto, jamais deu um passo para se reconciliar comigo. Mas eu também não fiz coisa alguma. Pensei que nunca nos veríamos de novo.

Muitos anos se passaram. Saí da Índia, casei-me e tive um filho chamado Mukti. Quando Mukti tinha uns 20 anos, foi à Índia em busca de suas raízes e para aprender um pouco mais sobre a terra de seu pai. Sem qualquer incentivo meu e sem que eu soubesse, foi até minha cidade natal e procurou Tulsi, que, ao saber que Mukti era meu filho, ficou perplexo. Depois de conversar um pouco, Tulsi perguntou-lhe: "Tem papel e caneta?".

"Sim, claro, senhor", Mukti respondeu.

"Por favor, entregue esta mensagem ao seu pai: 'O que você fez e realizou é admirável. O passado é passado. Tudo foi perdoado. Venha me ver.' Por favor, leve meu pedido a seu pai", disse Tulsi.

Ao voltar para casa, Mukti me avisou: "Pai, você precisa visitar seu guru. Você deve fazer isso. Ele está envelhecendo. Pude ver em seu rosto como está aflito para vê-lo antes de morrer". Foi uma súplica poderosa de meu filho. A mensagem do guru era muito comovente também, portanto respondi: "Tudo bem. Vou vê-lo assim que puder".

Estava com receio de ir sozinho, portanto perguntei ao meu caro amigo John Lane, que era apaixonado por tudo sobre a Índia, se me acompanharia nesse encontro com meu guru. Para minha grande alegria, ele concordou. Voamos para Délhi e pegamos um trem para a cidade de Ladnun, onde Tulsi morava.

Ao final da manhã, John e eu fomos ao encontro de Tulsi. Do outro lado de um grande salão pudemos vê-lo sentado em um estrado elevado, dirigindo-se a discípulos e laicos. John era um homem grande e o único ocidental a entrar no recinto, portanto nossa presença foi notada no mesmo instante. Um dos organizadores, ao saber quem eu era, conduziu-nos à frente, onde nos vimos ao lado de Tulsi. Ele ficou completamente surpreso e também, sim, feliz em me ver.

"Quanto tempo você pretende ficar?", perguntou.

"Pelo menos um dia", respondi.

"Não é suficiente. Temos muito a conversar. Fique alguns dias", Tulsi insistiu. Em seguida, disse: "Muita coisa aconteceu desde que você foi embora". Parou e perguntou: "Quanto tempo faz?", tentando recordar.

"Quase 40 anos", respondi.

"Naquela época, eu depositava grandes expectativas em você. Todos achavam que você seria um mestre maravilhoso. Alguns até insinuaram que você tinha potencial para ser meu sucessor. Assim, não apenas eu, mas todos que o conheciam ficaram mais do que desapontados. Sentimo-nos traídos. Como pôde fazer isso? O que mais poderíamos ter feito por você?"

Muitos monges e discípulos que escutavam Tulsi pensavam a mesma coisa. Recebi tanto amor, carinho, treinamento e atenção e, apesar disso, não expressei minha gratidão; abandonei-os e larguei minha vida monástica tão abruptamente.

Eu podia sentir a dor em sua voz. Embora eu tivesse feito isso tanto tempo atrás, estava claro que as feridas não haviam cicatrizado. Lembro-me daqueles dias e recordo o quanto Tulsi tinha me amado.

"Lamento profunda e sinceramente por tê-lo abandonado. Arrependo-me por não ter expressado minha gratidão por tudo o que fez por mim. Mas obrigado por me convidar a vê-lo e obrigado por enviar a mensagem por meu filho, Mukti, dizendo que tudo foi perdoado", afirmei.

Permanecemos em silêncio por algum tempo. Em seguida, prossegui: "Seus ensinamentos e sua sabedoria me instruíram para a vida. Aprendi a viver com simplicidade e leveza na Terra. Pratiquei o desapego da maneira como me orientou. Sempre me lembro de você dizendo que amor e apego não são a mesma coisa. Você me ensinou a confiar em mim mesmo e a confiar no mundo. Nenhuma palavra poderá expressar como me sinto em dívida com você". Lágrimas escorriam pelo meu rosto. John colocou a mão em meu ombro e me passou seu lenço.

"Você se saiu bem", Tulsi disse. "Fui informado de suas aventuras, suas peregrinações e seu compromisso em tornar o mundo um lugar melhor. E, se meus ensinamentos lhe foram úteis, isso só me enche de alegria. Quero abençoá-lo e desejar-lhe alegria em sua jornada ao longo da vida."

Foi um ato de grande generosidade e perdão por parte do meu guru. Reverenciei-o diversas vezes. John e eu passamos alguns dias na presença de Tulsi, conversando sobre o estado do mundo e sobre como a não violência à Natureza é uma contribuição essencial e própria dos preceitos jainistas.

"A não violência dirigida a si mesmo e aos outros deve se expandir para a não violência a todos os seres vivos. É imperativo honrar não apenas a dignidade de todos os seres humanos, mas de todos os seres vivos", disse Tulsi com profunda convicção. Foi reconfortante e transformador ouvir seus ensinamentos mais uma vez.

Outro exemplo maravilhoso de perdão é o de Jo Berry. Jo é filha de Sir Anthony Berry, membro conservador do Parlamento, assassinado pelo Exército Republicano Irlandês (IRA) no bombardeio do Hotel Brighton, em 1984, enquanto participava da conferência anual do Partido Conservador. Jo contou-me que o trauma e a tristeza incalculável de perder o pai de maneira tão chocante a fez refletir intensamente, por muito tempo: "Posso ir atrás de vingança ou atrás de paz". Ela escolheu o perdão em vez de culpa e ódio.

"O processo mais difícil de perdão foi com Patrick Magee, que instalou a bomba que matou meu pai", recorda. "Ao ser libertado da prisão, encontrei-o na casa de um amigo, em Dublin. Eu estava com medo. No início, ele defendeu sua perspectiva política, mas aos poucos começou a se sensibilizar com minha dor. Algo mudou. Deixou seu papel político de lado e seu coração humano se abriu. Pedi-lhe: 'Vamos perdoar um ao outro. Não importa o que eu faça, nada trará meu pai de volta, mas vamos fazer algo juntos para que nenhuma outra filha ou filho perca o pai em circunstâncias tão violentas no futuro'."

Foi um verdadeiro momento de reconciliação. Jo Berry, vítima de violência, perdoou Patrick Magee, o criminoso responsável pela morte de seu pai. Desde então, eles têm trabalhado juntos para construir pontes para a paz. Já deram mais de cem palestras juntos, tocando os ouvintes com suas histórias inspiradoras. Relembram o público que violência gera violência, vingança gera vingança. A única saída para o futuro é perdoar, esquecer e começar de novo. Conforme o ditado:

O primeiro a pedir desculpas é o mais corajoso.
O primeiro a perdoar é o mais forte.
O primeiro a esquecer é o mais feliz.

Por quanto tempo podemos carregar o peso do passado? A história está cheia de atrocidades e crueldades, escravidão, racismo, colonialismo, apartheid, o Holocausto e vários tipos de genocídio.

Patrick Magee foi condenado a oito prisões perpétuas. O juiz o estigmatizou como um homem de crueldade e barbaridade anormais. No final, cumpriu 14 anos de prisão e foi libertado como parte do Acordo da Sexta-Feira Santa, que pôs fim à discórdia sectária na Irlanda. Hoje é um homem transformado, que dedica toda sua vida ao cultivo de sementes de amor em vez de ódio. Como diz o ditado, "não existe amor sem perdão, e não existe perdão sem amor".

Essa história revela que o bem e o mal estão presentes em todo coração humano, e que todo ser humano tem o potencial de se transformar. O poder da compaixão e do perdão é maior do que o poder da punição e da vingança.

Meu exemplo final de perdão é o trabalho da Comissão da Verdade e Reconciliação da África do Sul, que se mostrou um exemplo supremo e inigualável de pacificação na história da política do século XX. A longa e amarga luta pelo fim do apartheid foi liderada por muitos grandes ativistas, inclusive Nelson Mandela, que passou 27 anos no cárcere. A história do movimento antiapartheid está bem registrada e é bem conhecida. O que é impressionante nessa história incrível é o espírito de generosidade das vítimas. Como presidente da nova África do Sul, Nelson Mandela encorajou o povo a reconhecer e a admitir a injustiça, a crueldade e a violência cometida pelo regime do apartheid e, depois, deixar tudo para trás e seguir em frente. Para isso, Mandela criou a Comissão da Verdade e Reconciliação sob a presidência do Arcebispo Desmond Tutu. Para evitar a justiça dos vencedores, nenhuma das partes foi dispensada de comparecer perante a Comissão e, no final, 849 pessoas receberam anistia e perdão.

Segundo Bernard Meltzer, âncora de uma estação de rádio norte-americana, "o perdão não muda o passado, mas definitivamente muda o futuro". Tal abordagem contrasta com a adotada pelos Julgamentos de Nuremberg. A abordagem reconciliatória mostrou-se uma maneira bem-sucedida de lidar com os crimes do apartheid.

Com base na minha experiência pessoal e na de ativistas sociais e políticos, encontrei uma abundância de evidências de solução de conflitos por meio do perdão, ao passo que a vingança e a punição só exacerbaram feridas e divisões, sem espaço para a cura. Chega de conflitos e guerras. Já é hora de os povos do mundo se comprometerem com o caminho da negociação. Negociação e perdão – esse é o caminho dos destemidos e corajosos. Segundo Mahatma Gandhi, "o fraco nunca pode perdoar; o perdão é um atributo dos fortes".

Há muitos exemplos de conflitos e perdão no contexto das sociedades humanas. Hoje em dia, o conflito mais avassalador é entre a ganância humana e a capacidade da Terra. Nos últimos séculos, as sociedades industriais devastaram os recursos da Terra, tratando animais, florestas e oceanos como minas de onde extrair riqueza. É como se a humanidade estivesse em guerra com a Natureza. Tratamos o solo e poluímos a bioesfera como se estivéssemos em guerra. A missão da sociedade moderna parece ser a conquista da Natureza.

Em algum momento a humanidade reconhecerá sua insensatez e pedirá perdão à Terra. Por enquanto, a maioria das pessoas não reconheceu sua estupidez e imprudência. Ainda acredita ter o privilégio de usar o mundo natural para satisfazer às demandas cada vez maiores da sociedade mundial de consumidores. Embora uma minoria crescente no mundo todo admita que os seres humanos precisam viver na simplicidade, dentro dos limites da Terra finita, e se considere uma parte integrante da Natureza em vez de seu mestre, tal visão ainda não se tornou dominante. Talvez leve tempo até que percebamos este grave erro. Porém, mais cedo ou mais tarde chegará a hora em que teremos de pedir perdão à Terra. Acredito que a Terra seja abundante e generosa o suficiente para nos perdoar, e talvez consigamos reparar o dano que lhe causamos. No entanto, se não admitirmos nosso erro a tempo, será lamentável e certo que a sobrevivência humana estará ameaçada.

Um número cada vez maior de pessoas reconhece que a humanidade deve viver em harmonia com a Terra. No final de 2015, quase duzentos governos do mundo reuniram-se e concordaram, por unanimidade, que devido às atividades humanas e, em particular, ao uso excessivo de combustíveis fósseis, o clima terá um impacto catastrófico no planeta e na sobrevivência da civilização humana, assim como de muitas espécies. Surpreendentemente, muitos governos do mundo estão agora no processo de ratificação do Acordo de Paris. Se tais governos permanecerem fiéis ao compromisso de adotar a política de redução de suas emissões de carbono, em minha opinião será um primeiro passo para pedirmos perdão à Terra.

Na esfera não governamental, muitas comunidades estão tomando medidas para mitigar o dano que as atividades humanas provocaram na Terra. O movimento Cidades em Transição é um exemplo inspirador de pessoas que se responsabilizam pela transição de um estilo de vida baseado em combustíveis fósseis para outro firmado em energia renovável. Tal movimento de transição proclama a inclusão de quase quatrocentas cidades e comunidades do mundo em iniciativas para moderar a dependência de sistemas exploratórios e prejudiciais. Em Devon, onde moro, Totnes foi a primeira dessas cidades. Sou testemunha viva da mudança não apenas nas atitudes, mas no estilo de vida, estabelecendo uma relação mais humilde e grata com nosso planeta, nossa casa. Essa humildade é, por si só, uma forma de pedir perdão à Terra.

Relacionamentos corretos, amor radical e perdão incondicional são fruto de uma convicção profunda de que a vida está cheia de paradoxos, dilemas e escolhas que nos arrastam para direções opostas. Em situações como essas, temos de transcender a dialética dos opostos e buscar um estado de equilíbrio pela prática da equanimidade. Assim, estaremos mais preparados para uma vida de simplicidade elegante. Entraremos nessa dança de opostos no próximo capítulo.

> *Se você não consegue explicar algo de maneira simples, é porque não entendeu bem.*
> Albert Einstein

11.
A dança dos opostos

*Vida e morte são uma só,
tais como rio e mar são um só.*

Khalil Gibran

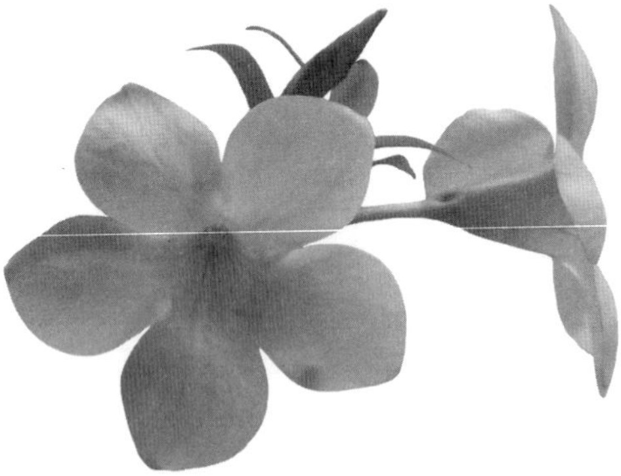

A simplicidade da mente só será possível se houver equanimidade em todas as situações. O final do outono e o começo do inverno é um momento especial – o umbral do período de escuridão. Deveríamos entrar na estação do inverno com a mente e o coração abertos. Dar as boas-vindas à escuridão. É um período de hibernação, um período de descanso e rejuvenescimento. Deveríamos acolher as longas noites. Sentar perto da lareira, ler histórias e cantar e dançar juntos. É mais fácil fazer essas coisas em um período escuro. A escuridão não é algo a temer. Quando os dias são longos e as noites são claras, queremos sair para caminhar ou cuidar do jardim, mas quando as noites são longas e escuras, podemos penetrar na esfera da imaginação. Podemos compor poemas ou ler *Guerra e Paz*. Sim, a luz é bem-vinda, mas a escuridão é igualmente bem-vinda. Fala-se muito de iluminação, mas pode-se falar também de escurecimento. Esta é a arte de alinhar os opostos.

Quando o bosque está escuro, quem receia fantasmas ou espíritos da Natureza tem medo de ir até lá. Contudo, não há por que os temer. Quando morrermos, também nos tornaremos fantasmas e nos uniremos aos espíritos da Natureza. Os fantasmas tornam-se amigos quando não os tememos. Espíritos da Natureza, espíritos humanos e fantasmas fazem parte do mesmo campo de energia. Os fantasmas não se comunicam com todo mundo. Se você consegue atrair fantasmas é porque há algo de especial na sua aura!

Sentindo ou não a presença de fantasmas, todos nós temos de viver na presença da escuridão. Todos precisamos nos tornar amigos da escuridão. Só na escuridão podemos nos recuperar de fato. A escuridão nos oferece um período de renovação. Quando trabalho durante muitas horas à luz do dia, anseio a escuridão. Desligo as luzes e deixo o ambiente escuro. Se houver luz vindo da rua, puxo as cortinas para deixar o quarto mais escuro. Uma vez fechadas as janelas, persianas e portas, por fim posso relaxar. As últimas persianas a se fecharem são minhas pálpebras; assim que elas se fecham, adormeço.

Quando dormimos, o corpo recupera a energia perdida ao longo do dia. É na presença da luz diurna que gastamos energia – cuidamos da horta, cozinhamos, estudamos, caminhamos, trabalhamos e brincamos. É vital recuperar essa energia. Podemos fazê-lo apenas no escuro.

A renovação espiritual também ocorre no escuro. Os místicos a chamam de noite escura da alma. Quando passamos por dificuldades emocionais, problemas psicológicos ou crises espirituais, metaforicamente estamos na noite escura. Se pudermos abraçar esse estado de escuridão com equanimidade, sairemos dele fortalecidos. Nessas "noites escuras", usamos a imaginação, a fé e a meditação para encarar a crise sem um colapso nervoso. Toda crise é uma oportunidade. Podemos usar a crise das dúvidas e desalento para nos reconectar com o eu mais profundo.

A maioria de nós teve ou terá uma crise pessoal ou interna. O primeiro passo para transformar a crise em oportunidade é reconhecer: "Estou passando por uma crise". Tomar consciência do próprio estado mental é o primeiro passo no processo de cura. O próximo passo é dar-se tempo e espaço para meditar sobre as causas e condições que levaram à crise. A meditação é o melhor remédio para a mente. Etimologicamente, as palavras "meditação" e "medicina" derivam da mesma raiz latina – *mederi* –, que significa "prestar atenção". Quando precisamos prestar atenção no corpo, tomamos remédios; quando precisamos prestar atenção na mente, meditamos. Prestar atenção é um passo em direção à consciência de nós mesmos e das causas da nossa crise. Assim, logo percebemos que as origens da crise interna são o ego, a ambição, o desejo de controlar, o apego a bens materiais ou intelectuais e a cobiça por poder, cargo, dinheiro e status.

A crise planetária possui causas semelhantes. A humanidade acredita que somos capazes de controlar a Natureza, que podemos dominar os oceanos, florestas, rios e animais. Sim, conseguimos aterrissar na Lua e sabemos construir armas nucleares. Entretanto, ao meditarmos profundamente, percebemos que não somos tão poderosos. Não temos o mesmo poder de um tornado nem a força de um vendaval. Mesmo uma forte chuva já é o bastante para nos colocar no devido lugar. É necessário ser humilde e respeitar o poder da Natureza. Para lidar com a crise ambiental, temos de estar em harmonia com o mundo natural. Não estamos no comando da Terra, não temos controle sobre a Natureza. Chegou a hora de aprender a praticar a humildade.

Assim como há tsunamis e tempestades no mundo externo, às vezes há tsunamis e tempestades em nosso mundo interno. Nessas horas, é fundamental desenvolver compaixão por nós mesmos e pelo planeta Terra. Colocar a crise embaixo do tapete não resolverá o problema. Toda crise requer atenção. Temos de tratá-la com elegância e gratidão. Todas as crises – externas ou internas – surgem da desconexão. A solução para essas crises é a reconexão. Na meditação é importante focar em nossa unidade inabalável e conectividade profunda com o mundo externo da Natureza e das pessoas, e com o mundo interno da nossa alma.

Na Índia, quando nos encontramos, unimos as duas mãos e dizemos "Namastê", que significa "eu reverencio você". Ao juntarmos as palmas das mãos, criamos uma união. Transformamos dois em um. Assim como duas palmas tornam-se uma, você e eu nos tornamos um. Os opostos se unem. A dualidade de um é a unidade de dois. O que parece ser oposto é, na realidade, complementar. Tanto acima como abaixo. O masculino e o feminino complementam-se do mesmo modo que a escuridão e a luz, o negativo e o positivo. A união dos opostos gera inteireza e totalidade. Se durante o ano inteiro fosse verão, com luz clara, seria monótono. Como é bom ter invernos escuros para contrabalançar. Esse é o belo projeto da Natureza. Toda estação é boa; juntas, compõem o todo.

A saúde é importante, mas a doença também tem seu significado. Somente um corpo vivo pode sentir dor de cabeça; um corpo morto não consegue ter dor de cabeça. Quando estamos doentes, temos a chance de dormir, descansar, reduzir o ritmo. Uma pessoa doente dá à família o ensejo de estarem juntos, ajudarem e cuidarem do paciente e uns dos outros. Se nunca adoecêssemos e se nunca precisássemos de alguém, ninguém teria a chance de nos ajudar. A doença é um período de escuridão. É uma oportunidade de dormir e deixar que o próprio corpo se cure.

Agimos entre dois cenários: o externo (do mundo físico e natural) e o interno (do mundo metafísico e espiritual). Vivemos entre árvores, rios e montanhas, resistindo a tempestades, inundações e terremotos. Vivemos de uma maneira parecida na mente, nas emoções e nos sentimentos, onde temos crises de raiva, medo, dúvida, desânimo e depressão. Enquanto habitamos o cenário externo da beleza natural, também vivemos no cenário interno do amor. Precisamos aceitar a hesitação e a certeza, a dúvida e a fé, a escuridão e a luz, a confusão e a clareza, o áspero e o suave, a dor e o prazer, a perda e o ganho, o fracasso e o sucesso. Quando conseguirmos aceitar tudo e cultivar a equanimidade, poderemos navegar pelo mar da vida com muita tranquilidade.

Essa é a dança da vida simbolizada por yin e yang – um círculo com uma metade em preto e a outra em branco. Na metade preta há um ponto branco, e na metade branca há um ponto preto. É o símbolo perfeito de inteireza. Nada é totalmente escuro e nada é totalmente claro. Portanto, quando estamos na luz, devemos nos lembrar da escuridão, e quando estamos na escuridão, devemos nos lembrar da luz. Na iconografia indiana, existe uma forma divina com uma metade masculina (Shiva) e uma metade feminina (Shakti) – yin e yang em um único corpo. Todo homem contém o feminino e toda mulher contém o masculino. Os princípios masculino e feminino agem juntos. Dançam juntos. Esse é o movimento da escuridão e da luz, do interno e do externo, do masculino e do feminino, da matéria e do espírito. É uma manifestação do equilíbrio. O universo está nessa dança de opostos.

A inteireza da vida está na união entre nascimento e morte. A morte traz renovação. Jamais precisaremos temê-la. Nunca pense na morte como algo mau, doloroso ou difícil. Ela é libertadora e transformadora. Não é o final da vida; é a porta para uma nova vida. O espírito é eterno. A vida é eterna. Consequentemente, por que devemos temer a morte? Do mesmo modo que damos as boas-vindas à primavera e ao nascimento, devemos acolher o inverno e a morte.

Eu era um garoto de 4 anos quando meu pai faleceu e fiquei chocado com sua morte. Aos 9 anos, saí de casa em busca de uma existência livre da morte, mas percebi que sem morte não há nascimento. A morte não é algo negativo; a morte é tão necessária quanto o nascimento.

A partir do nascimento começamos a escalar o Monte Everest da vida, atingindo o pico na hora da morte. Como podemos ter medo de atingir o pico? Morte é libertação; somos libertados de um corpo debilitado e envelhecido. Libertamo-nos da raiva, ansiedade e angústia, do orgulho, preconceito e das paixões, da dúvida, depressão e desespero. Por que não abraçar tal liberdade com alegria?

Minha mãe diria: "Se você se sente frágil, fraco, e percebe que sua vida está chegando ao fim, em vez de esperar que a morte venha ao seu encontro, vá ao encontro da morte". Quando ela já tinha mais de 80 anos e estava bem frágil, sem conseguir enxergar ou escutar muito bem, disse: "Não, não quero óculos nem aparelho auditivo". Certa manhã, pegou a bengala nas mãos, caminhou até as filhas e os filhos e declarou: "A partir de hoje, jejuarei até morrer. Se eu tiver dito algo que magoou vocês ou tiver feito algo desagradável, estou aqui para lhes pedir perdão". Pediu desculpas aos amigos e a todo o círculo familiar. Em seguida, voltou para casa e permaneceu no quarto. As notícias começaram a se espalhar: "Anchi Devi está jejuando até morrer". Veio gente de todos os cantos para sentar-se ao lado dela e entoar canções sagradas. Agradeceram-lhe por sua bondade. Durante quase um mês, sobreviveu consumindo apenas água fervida. Nesse período, houve celebrações, música, cânticos, pessoas pedindo perdão, outras perdoando e se despedindo. E foi assim que ela morreu, em paz, feliz.

Seu corpo foi colocado em um belo palanquim. Houve uma procissão até o local da cremação. Todo o dinheiro deixado por ela foi distribuído entre os pobres. A pira funerária foi construída com nove tipos diferentes de madeira, inclusive sândalo e coco, para exalar um aroma agradável. Seu filho mais velho acendeu o fogo e todos permaneceram ali até que o corpo se transformasse em cinzas. No dia seguinte, a família coletou as cinzas que, mais tarde, foram espalhadas no Ganges. Suas cinzas dissolveram-se nas águas do rio, fluíram para o oceano, evaporaram nas nuvens e se transformaram na chuva que caiu sobre o solo. Dessa maneira, cada parte dela foi reciclada. O corpo da minha mãe se tornara parte do universo, parte do ciclo da vida e da morte.

Aos 88 anos, meu mestre Vinoba Bhave teve uma úlcera grave no estômago. Seus amigos o levaram ao hospital. O médico o examinou e afirmou: "A úlcera está bem avançada. Podemos operá-lo, mas a chance de sucesso é de apenas 50%. Precisamos de sua permissão para a cirurgia". Vinoba respondeu: "Na minha idade, não quero me submeter a uma cirurgia tão grande. Jejuarei até morrer". Estava tão frágil que só viveu mais sete dias. Entretanto, aqueles sete dias foram repletos de celebrações. A Primeira-Ministra da Índia, Sra. Indira Gandhi, veio prestar-lhe homenagem enquanto ele estava em jejum. Cinquenta mil pessoas compareceram ao seu funeral. Naquela estação, o grande Rio Paramdham, que corria atrás do *ashram* de Vinoba, estava seco, portanto o leito do rio (onde se deu a cremação) estava lotado de gente. Mais tarde, durante as monções, o rio encheu de novo e levou as cinzas de Vinoba para o mar.

Jejuar até a morte é uma forma extraordinária de morrer e é totalmente apoiada pelas comunidades hinduístas e jainistas. A *Gita* diz: quando roupas velhas ficam gastas, o que fazemos? Descartamos as antigas e as trocamos por novas. O corpo é como um traje que, uma vez envelhecido e desgastado, morre; na sequência, adquirimos um novo corpo. O espírito nunca morre. É só por meio da morte que a vida se renova.

Na tradição indiana, não existe a ideia de que a morte seja ruim e de que a vida seja boa e que, por isso, temos de manter as pessoas vivas a qualquer custo. A morte é tão boa quanto a vida, e a vida é tão boa quanto a morte. Nascimento e morte se complementam; são dois lados da mesma moeda. Se não há nascimento, não há morte;

e se não há morte, não há nascimento. Na jornada da vida, existe a hora do nascimento, de chegada nesta vida, e a hora da morte, que é a partida desta vida. Chegar e partir são um contínuo. Conforme diz Eckhart Tolle: "Vida não é o oposto de morte; o oposto de morte é nascimento". Nascimento e morte são uma dança de opostos no palco da vida eterna.

Quando queimamos lenha na lareira, a madeira dá sua vida para nos manter aquecidos; ela morre e se transforma em cinzas. Colocamos as cinzas ao redor de uma árvore. As cinzas se decompõem e se transformam em solo. Em seguida, o solo se transforma em árvore. A árvore cresce, amadurece e cai. Torna-se árvore novamente. Na verdade, a madeira nunca morreu, só continuou se transformando. As mesmas cinzas da árvore poderiam ter sido colocadas em um canteiro de batata. Nessa situação, as cinzas teriam nutrido a semente da batata e se multiplicado em muitas batatas. As cinzas da madeira nutrindo as batatas e as batatas nutrindo a nós, humanos. Agora somos a madeira que renasceu como ser humano.

A palavra "humano" vem de *humus*, que significa "solo". Os seres humanos são seres do solo. A vida imortal manifesta-se em formas mortais, materiais, que se movem no ciclo eterno do tempo, espaço e consciência. Nada é estático, fixo ou rígido. Tudo é dinâmico e cíclico. A existência é eterna, mas todas as formas físicas são impermanentes e estão em constante mudança. O que parece oposto, binário, contraditório e complicado é, na verdade, complementar e conciliatório. Para compreender e valorizar esta simples verdade, precisamos ver além do superficial.

Para mim, a vida é simples. Por que a tornamos tão complicada? Não há necessidade de complicar a vida, envolvendo-nos em desconexões e divisões aparentes. Podemos apenas relaxar ao perceber que a diversidade da matéria tem suas raízes na unidade do espírito. Essa realidade mais penetrante pode ser vivenciada quando vemos profundamente. No próximo capítulo, exploraremos o que significa ver profundamente.

> *Onde quer que haja retidão, há vida. Onde quer que haja tortuosidade, há morte. Nosso corpo, mente e fala deveriam ser retos e simples.*
>
> Vinoba Bhave

12.
Ver profundamente

*Ver claramente
é poesia, profecia
e religião; tudo uma coisa só.*

John Ruskin

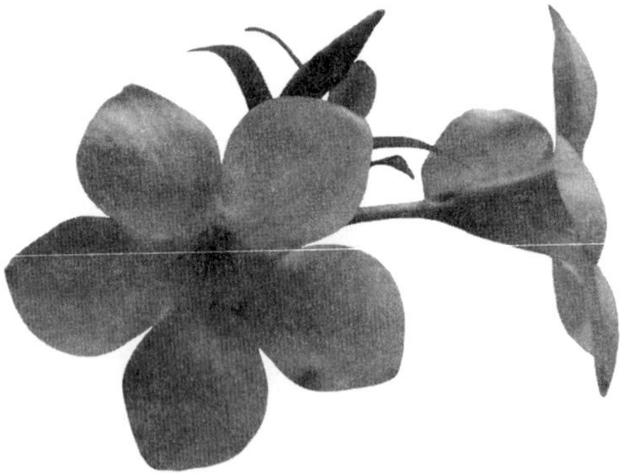

Viver com simplicidade é ver profundamente. Há uma grande diferença entre observar, olhar e ver. O que chamamos de *darshan*, em sânscrito, poderia ser traduzido como *ver em profundidade* – ver o que está além das aparências.

Quando jovem, parti em busca do *darshan* do guru Tulsi, meu mestre jainista. A palavra em sânscrito para monge é *muni* – "aquele que mantém o silêncio"; e para discípulo é *shrawak* – "aquele que escuta". O mestre permanece em silêncio e o discípulo escuta. Existe uma conexão sutil entre escutar profundamente e ver profundamente. Quando escutamos em silêncio, desenvolvemos a capacidade de ver com o terceiro olho. Escutamos além do som para escutar o não som, e vamos além da forma para ver a não forma. Em geral, vemos as coisas com os dois olhos e ouvimos as palavras com os dois ouvidos, mas os monges são treinados para ver além das imagens e escutar além das palavras.

Ao buscar o *darshan*, sentava-me de frente para o guru. Nem uma única palavra seria pronunciada por cerca de uma hora. Eu simplesmente ficava sentado. Se meu guru não estivesse lá, eu poderia então sentar-me diante de uma estátua ou deidade em um templo. Sentava-me e meditava. O *shrawak* escuta o som sagrado Om sem nenhuma outra palavra. Apenas um som reverberando de dentro. No começo da prática, eu dizia "Om" em voz alta, mas logo fui instruído a deixar de articular o som e a escutar o Om ecoando dentro do meu ser.

Darshan é ver a imagem além da forma física, é vivenciar o inefável – pura paz, pura luz e pura energia. Esse processo é semelhante ao trabalho de um artista. Quando os artistas pintam ou desenham, veem o tema profundamente, veem algo além da forma física. Em consequência, a separação entre o tema e o artista desaparece. O observador e o observado tornam-se um. Nesse estado, o artista torna-se um "ser que vê profundamente", um sábio, alguém que pratica o *darshan*. Esse ser que vê profundamente é chamado de *darshanik* – o que dá e o que recebe o *darshan*. No *darshan* não existe separação entre a deidade e o devoto, entre o guru e o discípulo, o deus externo e o deus interno, o guru externo e o guru interno.

Um verdadeiro ser que vê profundamente é capaz de ver com o terceiro olho, como o do Senhor Shiva, ou seja, com o poder de ver além do mundo material, penetrando no mundo não material da ausência de forma. Ir da forma para a não forma e de volta à forma é uma jornada espiritual.

Os budistas dizem: "Gate, gate, paragate, parasamgate, Bodhi Svaha", que significa "atravessando e atravessando de novo, atravessando além, atravessando completamente, iluminando-se". Ao ver profundamente, o mundo da superficialidade se dissolve. Surge o mundo autêntico da verdadeira realidade. Nesse momento, há radiância, da unidade da matéria e do espírito. Ver profundamente põe fim a todas as dualidades e divisões.

Um ser capaz de ver total e completamente sem se emaranhar nas dualidades do mundo é um visionário. O visionário vê com o olho da sabedoria, o olho do coração, o olho poético. Jonathan Swift disse: "Visão é a arte de ver o que é invisível aos outros". Os poetas são capazes de ver tudo, pois veem com o olho da imaginação, o terceiro olho.

A sabedoria surge do ver profundamente e da experiência profunda. Com o intelecto, adquirimos inteligência; com os ouvidos e olhos, adquirimos informação, mas com o terceiro olho vivenciamos unidade e equanimidade.

Com palavras e imagens podemos compreender uma verdade parcial, mas, quando fechamos os olhos e a boca e vamos além do intelecto, abrimo-nos para a possibilidade de vivenciar a verdade total. O conhecimento sem experiência é profano e superficial. O conhecimento com experiência permite-nos olhar para o mundo e vê-lo inteiro e sagrado. Há muito conhecimento no mundo de hoje, mas pouca noção do sagrado, pouca noção de inteireza. Em geral, quem tem alto grau de instrução não tem essa noção do sagrado, nem sabedoria, nem compaixão. O conhecimento fundamentado no *darshan* possibilita que a humanidade funcione de maneira holística, com reverência e sabedoria. O *darshan* revela o insight de que a vida dos animais, das plantas, das rochas, dos rios, a vida humana, toda vida é sagrada.

As universidades dão a instrução acadêmica, informações e dados factuais, sem visão. É raro encontrar acadêmicos visionários; são instruídos, mas poucos têm a capacidade de ver. Precisam fechar seus livros, as telas de computador e, em seguida, cerrar os olhos e visualizar a inteireza da vida, ver com o olho do coração que tudo está interconectado, inter-relacionado, interdependente. Por meio do *darshan*, olhamos para o mundo e o vemos inteiro.

Quando vemos apenas com os dois olhos, vemos tudo como coisas separadas. A árvore está separada do solo, o pássaro pousado sobre o galho está separado da árvore, as abelhas zumbindo ao redor estão separadas das flores, os seres humanos estão separados da Natureza. Tal percepção tão superficial criou a história da separação. Uma nova história é a história da união e do reencontro de toda a vida.

Os seres que veem profundamente percebem a relação entre as árvores e os pássaros. Os pássaros alimentam-se dos frutos das árvores e fazem seus ninhos; os pássaros não poderão existir se não houver árvores. As árvores são nutridas pelo adubo formado pelo excremento dos pássaros. As abelhas não poderão existir se não houver flores, e sem a polinização das abelhas, não haverá flores.

Os seres humanos não podem existir sem as árvores. Como poderemos sobreviver sem o ciclo de carbono e o oxigênio das árvores? Elas trabalham dia e noite por nós. Se não houvesse árvores e abelhas, os seres humanos também não existiriam. Sem abelhas, sem polinização, sem alimento, não há vida. Einstein disse: "Se as abelhas desaparecerem deste mundo, a vida humana não sobreviverá por mais de quatro anos". Einstein era um homem de visão, capaz de ver a unidade existencial da vida.

Tudo coexiste. Tudo é feito dos mesmos elementos – terra, ar, fogo e água –, portanto, somos um. Quando virmos profundamente, perceberemos que todos fazemos parte de uma união de relações e quebramos essa união por nossa conta e risco. Temos uma ligação sagrada com as árvores, abelhas, aves, rios, montanhas e florestas. Temos um elo sagrado até mesmo com as minhocas! Elas trabalham sob o solo, dia e noite. Se as minhocas não estivessem aqui, não haveria comida na mesa. Na verdade, as minhocas trabalham 24 horas por dia para manter o solo em boas condições. Trabalham sem remuneração e sem férias para manter o solo fértil. Plantamos sementes porque o solo foi preparado pelas minhocas, para cultivar os alimentos e nos nutrir. Um cientista indiano estimou que uma minhoca revolve seis toneladas de terra ao longo da vida. Portanto, se tivermos minhocas suficientes, praticamente não precisaremos de enxadas rotativas ou de tratores para o preparo do solo!

As minhocas ajudam a produzir alimento para nutrir nosso corpo, mas também precisamos de alimento para nutrir nossa alma. O sentido do sagrado, o sentido da unidade da vida e da compaixão por todos os seres vivos nutrem a alma. A nutrição da alma e a nutrição do corpo estão relacionadas. Se o corpo não estiver nutrido, a alma não poderá ser abastecida e, se a alma não estiver nutrida, o corpo tampouco estará.

Entramos em contato com esta verdade a partir do *darshan*, por meio da observação profunda. Foi assim que se desenvolveram todas as filosofias e todas as ciências. A observação requer paciência, temos de reduzir o ritmo. Newton teve de esperar até que a maçã se desenvolvesse na árvore, até que estivesse madura. Uma vez amadurecida, a maçã se soltou do galho com facilidade e caiu. Newton a observou com atenção total e descobriu a gravidade.

O Buda, assim como Newton, também demonstrou grande paciência. Como ele, se sentou sob uma árvore e a observou por muito tempo. Surgiram nuvens, que trouxeram a chuva para nutrir a árvore, e os pássaros vieram para se abrigar sob a árvore e se alimentar de seus frutos. O Buda observou que a árvore dava frutos a todos, sem qualquer discriminação. Encontrou compaixão, amor e generosidade incondicionais na árvore. O Buda descobriu a compaixão ao observar uma árvore!

Uma árvore carregada de frutos nunca pergunta: "Você trouxe seu cartão de crédito?". Os frutos são oferecidos de graça a qualquer um que venha à árvore. Jovem ou velho, rico ou pobre, negro ou branco, santo ou pecador, homem ou mulher, humano ou animal, pássaro ou vespa, todos são bem-vindos. Todos têm direito aos frutos.

Quando o Buda sentou-se sob a árvore, observou essa inter-relação do todo e vivenciou o *darshan* da Natureza. Viu que a Natureza é sagrada. O fruto se sacrifica para oferecer nutrição aos seres humanos, aos animais, às aves, às abelhas e às vespas. É por isso que as árvores são sagradas. É essa a razão de serem chamadas de árvore da vida, árvore do conhecimento, árvore da sabedoria e a árvore que fala. A árvore se comunicou em silêncio. O Buda ouviu sua sabedoria. Por meio da observação profunda, do ver profundamente, ao receber o *darshan* da árvore, Buda se iluminou.

O *darshan* transforma o comum em extraordinário. Quando vemos uma árvore apenas com os dois olhos, tudo o que vemos é madeira, galhos, folhas e flores; um mecanismo útil de processamento para oxigênio e dióxido de carbono, e bom para fazer lenha. Entretanto, se virmos uma árvore com o terceiro olho, a árvore comum será transformada em uma árvore sagrada. Assim, a árvore torna-se nossa mestra. Um ser em busca da iluminação pode sentar-se sob uma árvore e atingir a autorrealização. O *darshan* transforma um rio ou uma montanha em um deus ou uma deusa; a terra torna-se o paraíso, uma rocha torna-se uma escultura, um Shiva vivo, e uma imagem de madeira torna-se um Buda iluminado.

O *darshan* transforma a consciência, todo nosso modo de ver o mundo. O teólogo Thomas Berry vivenciou o *darshan* ao dizer: "O universo não é uma coleção de objetos; é uma comunhão de sujeitos". Deus não é alguém separado de nós, que trabalhou seis dias, criou o mundo e no sétimo dia descansou. A ideia hinduísta de deus é a de que o próprio universo é a materialização de deus, uma dança de Shiva, um movimento lúdico cósmico. Não é possível separar o dançarino da dança. O universo inteiro é divino. Cada folha, cada grama, cada minhoca, cada vespa, cada flor, cada fruta, cada criança, tudo é uma dança divina. Emerson recomendou: "Nunca perca a oportunidade de ver algo belo, pois a beleza é a caligrafia de Deus".

William Blake estava no clima do *darshan* quando escreveu: "Ver o mundo em um grão de areia e o céu em uma flor silvestre. Ter o infinito na palma da mão e a eternidade em uma hora". Blake olhou para um grão de areia e viu o mundo inteiro dentro dele! A dimensão metafísica não está separada da dimensão física; físico e metafísico são dois aspectos de uma única realidade. Com os dois olhos vemos o físico, e com o terceiro olho imaginamos e vemos o metafísico. Rumi diz: "Pare de agir de maneira tão pequena; você é o universo num movimento extasiante".

Darwin estudou as minhocas, o que o levou a mergulhar na pesquisa sobre a natureza das criaturas vivas. A partir da observação profunda, viu que todos os seres vivos evoluíram da mesma origem e, portanto, estão todos conectados. Trata-se, ao mesmo tempo, de um insight espiritual e de uma realização intelectual e racional.

No mundo moderno, o aprendizado foi reduzido à mensuração. Aquilo que pode ser medido, tem importância; o que não pode ser medido, não existe. A maioria das pessoas acredita nisso, pois sua visão é limitada à realidade física. É a isso que serve o *darshan*: ver algo além da realidade física e mensurável; ver a dimensão espiritual. A matéria e o espírito não estão separados; não há divisão. O espírito e a matéria estão emaranhados. A matéria não pode existir se não estiver imbuída de espírito. Meu corpo seria inútil se não estivesse vivo. O espírito humano dá vida ao corpo humano. Tornamo-nos seres animados, parte do *anima mundi*, a alma universal. Alma e corpo juntos formam o que somos. Se não há alma, nem espírito, nem imaginação, então esse mero corpo é um cadáver. A única coisa a fazer é colocá-lo em um caixão. A matéria precisa do espírito para se tornar animada. O espírito precisa da matéria para se manifestar. Alma, espírito, imaginação e consciência são a realidade metafísica que entra em ação por meio da realidade física.

Eu não poderia escrever se não tivesse estas duas mãos para segurar a caneta e movê-la sobre o papel. Ainda assim, as mãos não conseguem escrever sozinhas; elas precisam da imaginação.

No entanto, o corpo e a imaginação não são duas coisas separadas. Não há dualismo; estão totalmente entrelaçados. Quem é apenas materialista está deixando algo passar batido; quem é só espiritualista também. Entretanto, aqueles capazes de ver com o terceiro olho podem ver a unidade do espírito e da matéria. O físico teórico David Bohm refere-se a isso como inteireza e ordem implicada.

Com a inteireza, surge a cura. Sem inteireza, não há cura. Quando estamos despedaçados, separados e divididos, estamos doentes. Quando estamos inteiros, estamos curados. Quando estamos curados, ficamos felizes. O propósito da vida é ser feliz. E ser feliz é ser inteiro. É simples assim. Entretanto, saber como ser feliz não é tão simples. Portanto, precisamos de *darshan*, de insight profundo, saber como ser feliz e como transformar cada ação em uma fonte de felicidade.

Por exemplo, cozinhar não tem de ser uma tarefa; pode ser uma alegria. Quando entro na cozinha, digo: "Ah! Vou cozinhar alguma coisa! Que prazer! Prepararei algo delicioso". E o mesmo ao adentrar o jardim: "Uau! Que dia maravilhoso. O Sol está brilhando, vou respirar ar fresco, tocar o solo, plantar algumas sementes e sentir o aroma das flores". No momento em que começamos a sentir alegria com a nossa ação, a ação torna-se fonte de felicidade. A vida se transforma. Podemos transcender a dualidade do bem e do mal e atingir um estado de equanimidade.

Rumi afirmou: "Em algum lugar além das ideias de certo e errado, há um campo. Encontrarei você lá". Este é um exemplo perfeito de *darshan*. Com *darshan*, mesmo em horas difíceis, estamos em bem-aventurança. Uma pessoa do *darshan* se depara com o tempestuoso e o tranquilo, e os considera parte um do outro. Leonard Cohen compôs uma canção sobre esta verdade: "Há uma fenda, uma fenda em tudo / é assim que entra a luz".

Neste capítulo, explorei a ideia simples, porém profunda, de *darshan*, que nos ajuda a superar a dicotomia do dualismo – o dualismo do físico e do metafísico, do material e do espiritual, do tempestuoso e do tranquilo. Contudo, uma das dicotomias mais incômodas é entre a ciência e a espiritualidade. Se estivermos bem preparados com a ideia de *darshan*, poderemos superar tal dualidade sem dificuldades. No próximo capítulo abordarei esta questão complexa da relação entre ciência e espiritualidade, e procurarei algumas respostas simples.

Uma casa desorganizada é sinal de uma vida desorganizada e de uma mente desorganizada.

R. D. Laing

13.
A união entre ciência e espiritualidade

*A ciência não é apenas compatível
com a espiritualidade;
é uma fonte profunda
de espiritualidade.*

Carl Sagan

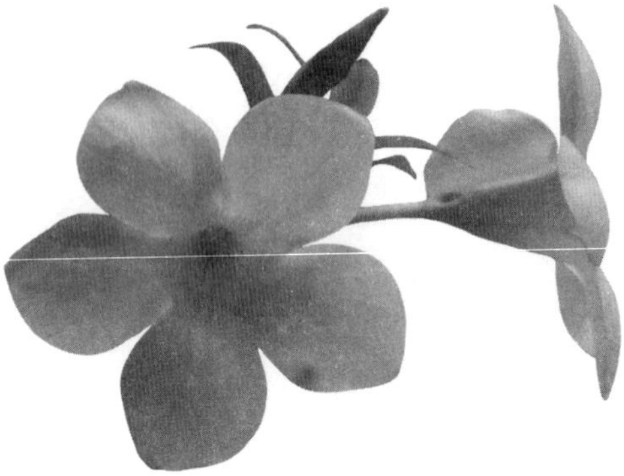

Para incorporar a filosofia da simplicidade elegante, é necessário abordar a relação entre ciência e espiritualidade, que algumas pessoas consideram polos opostos; mas será que é verdade? A ciência trata de coisas que podem ser mensuradas e a espiritualidade trata de coisas que não podem ser mensuradas. Na vida, ambas estão integradas. Olhe para o corpo: podemos medir o peso, a estatura, a estrutura, a anatomia. No entanto, também temos inteligência. Como medir a inteligência? Podemos fazer alguns testes de QI, mas nunca conseguiremos de fato medi-la. Além disso, temos sentimentos, como o amor por amigos e parentes. Podemos medir o amor? Portanto, a espiritualidade diz respeito àquilo que não pode ser mensurado. Cabe a nós medir o que pode ser medido, mas também aceitar a verdade de que há dimensões da vida que não podem ser mensuradas.

Existem teorias científicas, como a da complexidade, do caos, de Gaia e da evolução, que se aproximam da espiritualidade. A física quântica, em particular, preenche a lacuna entre significado e mensuração. Ao atribuir significado à quantidade, a quantidade torna-se *quantum*. No nível quântico, todas as separações deixam de existir. Todos estamos relacionados e conectados no plano energético. Assim, o significado da existência é não manifesto, invisível e, portanto, espiritual. Alguns dos meus amigos cientistas acreditam que a consciência está próxima da física quântica, já que no campo da mecânica quântica toda manifestação é possível. O significado de consciência é o mesmo; existe um potencial não manifestado antes de a realidade se manifestar. Na terminologia espiritual, chamamos isso de consciência; na terminologia científica, chamamos de mecânica quântica.

Podemos medir a matéria, mas não podemos medir o significado. Quando escrevo um artigo, posso dizer que contém oitocentas palavras e que caberá em uma página. Posso contar o número de palavras e medir o espaço que ocuparão, mas o conteúdo das palavras e a quantidade de escrita não poderão ser mensurados. Posso sentir o significado e percebê-lo, mas não posso medi-lo. As palavras possuem uma realidade física, mas sua essência é metafísica. A lei tem dois aspectos: a letra da lei e o espírito da lei. Tudo possui uma realidade física e outra metafísica. Temos o corpo humano e o espírito humano. Precisamos da matéria e precisamos do espírito. Eles formam uma realidade unificada. Um não pode existir sem o outro. Não há separação ou dualidade entre o físico e o metafísico, ou entre o material e o espiritual.

A ciência nos oferece ferramentas e tecnologias racionais, lógicas, empíricas, mensuráveis e replicáveis, que nos permitem levar uma vida funcional. A espiritualidade nos dá amor, compaixão, generosidade e uma sensação de mutualidade. Também temos necessidade disso.

Sem a dimensão espiritual de valores, visão, ética e estética, a ciência pode nos desviar do caminho. Quando não há valores para guiá-la, a ciência acaba produzindo armas nucleares. Se a espiritualidade guiasse as ações dos cientistas, eles pensariam dez vezes antes de inventar armas de guerra e outras ferramentas de destruição. Por que existe aquecimento global? Porque os cientistas têm trabalhado em prol dos interesses do *establishment* comercial e industrial sem levar em conta valores espirituais; é por isso que suas inovações científicas e tecnológicas desencadearam crises planetárias, como a mudança climática.

A agricultura moderna, por exemplo, é científica e, ainda assim, produz cerca de 18% de gases do efeito estufa. Se a agricultura fosse guiada por valores espirituais, a situação seria bem diferente.

A agricultura espiritual, como a produção biodinâmica, a agroecologia e a permacultura enfatizam o valor do solo vivo e da biodiversidade, ao passo que a agricultura industrial "científica" valoriza tão só a quantidade de alimento produzida com o mínimo de mão de obra. A agricultura moderna usa colheitadeiras, tratores enormes, fertilizantes, herbicidas, pesticidas e sementes geneticamente modificadas, pois não possui a dimensão espiritual de reverência pelo solo e pelos animais. Na produção científica, o alimento deixou de ser sagrado e transformou-se simplesmente em uma *commodity* voltada ao lucro. Não é por acaso que milhões de vacas, suínos e galinhas são mantidos nas condições cruéis de fazendas industriais, onde passam a vida inteira sem jamais ver a luz do dia. Esse é apenas um exemplo da ciência e da tecnologia privadas de um *ethos* espiritual, gerando resultados nocivos. Com certeza faltam valores espirituais em nossa agricultura!

Embora alguns cientistas abracem a espiritualidade e trabalhem pelo bem de todos, grande parte da ciência está a serviço da ganância, da guerra, do desperdício, da poluição, da exploração e da injustiça. Isso terá de mudar para que a ciência possa servir ao interesse e às necessidades da humanidade e do planeta Terra.

Einstein, um dos maiores cientistas do século XX, disse: "A ciência sem a religião é cega, a religião sem a ciência é manca". Se não tivermos ciência, sairemos prejudicados. Poderemos identificar o que é bom, mas não poderemos implantar nossa visão. Portanto, é indispensável que as pessoas do espírito e da religião abracem.

Os indivíduos que desenvolvem uma espiritualidade profunda costumam ter resistência ao lidar com problemas do mundo material. Agora as coisas estão mudando aos poucos, mas por muito tempo algumas sociedades eram boas em meditação e yoga, filosofia e poesia, mas, sem pesquisa e metodologia científica, sofriam de fome, privação e pobreza material. Portanto, a espiritualidade sem ciência é verdadeiramente manca.

Espiritualidade e religião sem ciência costumam levar ao fundamentalismo. O fundamentalismo hinduísta, budista, cristão ou islâmico surge sempre que o pensamento científico, racional, mensurado e lógico é rejeitado. A espiritualidade sem empirismo sofre de fé cega. Quem tem fé cega não vê nem acredita em nada além do que está em seu livro sagrado. Segue cada palavra da Bíblia, do Alcorão, da Torá ou da *Gita* como a palavra de Deus. Acha que só existe uma verdade e que possui tal verdade. Todos devem segui-la. Nega a multiplicidade e a diversidade das verdades. Torna-se missionário e esforça-se muito para converter adeptos de outras religiões para a sua. Claro, há pessoas religiosas de grande coração, generosas, que abraçam a visão científica, mas são uma pequena minoria. As religiões institucionalizadas sofrem muito com o dogmatismo, o fundamentalismo e o exclusivismo, pois não estão dispostas a aceitar e a respeitar a diversidade das verdades e nem a das religiões.

Assim, a ciência precisa da espiritualidade e a espiritualidade precisa da ciência. Precisam uma da outra. E não há contradição. Não há conflito entre ciência e espiritualidade. A ciência complementa a espiritualidade e a espiritualidade complementa a ciência. A espiritualidade nos dá visão e valores. A ciência nos dá ferramentas e tecnologias. Precisamos de ambas. Este é um modo holístico e inclusivo de pensar, no qual tudo tem seu lugar, desde que em equilíbrio e na proporção adequada. Por exemplo, o dia e a noite têm o equilíbrio correto. Embora no verão haja dias longos e no inverno haja noites longas, de modo geral, há harmonia. O mesmo tipo de harmonia é necessário entre a ciência e a espiritualidade.

Para atingir esse ponto, convém que tanto as pessoas de fé como os cientistas tenham uma dose de humildade e generosidade.

Experiências religiosas e espiritualidade não têm nenhuma relação com um sistema de crenças em particular. Acreditar significa fechar a mente. No momento em que digo "acredito em Deus," ou "acredito em reencarnação", ou "acredito na ressurreição", ou "acredito no nascimento da Virgem", etc., já fechei minha mente.

A espiritualidade está relacionada ao amor, não a crenças. Aqueles em busca de um caminho espiritual estão numa constante jornada, numa peregrinação, procurando a verdade e a iluminação. Não existe um lugar onde possam declarar: "Encontrei a resposta". A espiritualidade é um processo, uma exploração, não um destino. O mesmo se aplica à ciência – é uma busca em constante evolução. Os cientistas buscam a verdade. Não dizem: "Este é o fim, chegamos ao destino, não precisamos pesquisar mais". É lamentável que alguns deles afirmem: "A última palavra é a de Darwin". Fecham a mente e tornam-se crédulos. Se você se tornar crédulo, deixará de usar a inteligência e as percepções que lhe permitem aprender com o mundo ao redor e com suas experiências pessoais. Terá abandonado o caminho da ciência *e* o caminho da espiritualidade.

Por meio da ciência – assim como da espiritualidade – estamos sempre em busca de novos insights e de nova sabedoria, que poderão nos libertar de dogmas, rigidez e crenças fixas. Ciência e espiritualidade, física e metafísica, química e compaixão, mente e matéria precisam e devem dançar juntas.

Para que esta dança ocorra, formulei uma trindade para a nossa era. Para que a humanidade possa viver em harmonia com a Natureza, cuidar da alma humana e estabelecer paz e justiça mundial, entre todas as comunidades, é imprescindível dar atenção ao *solo*, à *alma* e à *sociedade*. Há algum tempo escrevi um livro com o mesmo título e minhas ideias desenvolveram-se ainda mais. Darei uma visão geral dessas ideias no último capítulo.

> *A vida é simples, mas insistimos em torná-la complicada.*
>
> Confúcio

14.
Solo, alma e sociedade

*Vivemos num
mundo interconectado e num
tempo interconectado,
portanto precisamos de soluções
holísticas para nossos
problemas interconectados.*

Naomi Klein

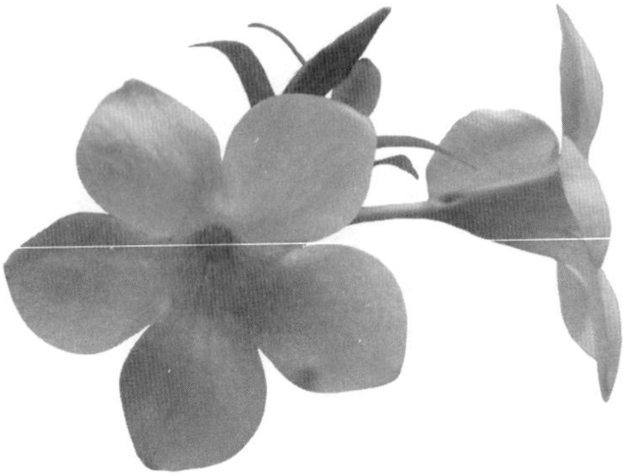

Para ter uma vida de simplicidade elegante, precisamos estar atentos a três áreas de existência: nosso solo, nossa alma e nossa sociedade.

Em cada era, três palavras foram usadas para capturar o espírito do tempo. O lema da Revolução Francesa era *liberté, egalité, fraternité*. Capturou a essência da revolução. Era uma boa trindade, mas não mencionou a relação humano-Natureza; tampouco houve menção à espiritualidade. Era apenas uma trindade social e política.

A tradição cristã possui uma trindade espiritual: Pai, Filho e Espírito Santo. Não há conexão com nenhuma dimensão social. E deixa de fora a dimensão ecológica. A nova era também possui uma trindade – mente, corpo e espírito – que não trata nem da nossa relação com a Natureza nem da nossa relação com o mundo humano. É uma trindade pessoal – minha mente, meu corpo, meu espírito – envolvendo tudo o que é necessário para mantê-los saudáveis e em equilíbrio.

Existe ainda a trindade norte-americana: vida, liberdade e a busca da felicidade. Entretanto, é sobre a vida humana, a liberdade humana e a busca da felicidade humana. Quando vou aos Estados Unidos, digo aos norte-americanos: "Vocês estão em busca da felicidade há séculos. Que tal simplesmente *ser* feliz em vez de procurá-la?".

Tais trindades expressam as necessidades das pessoas num momento histórico em particular. Na atualidade estamos na era da ecologia. O século XXI é o século da ecologia. O século XX foi o século da economia. Livre comércio, OMC, globalização, Banco Mundial, FMI e multinacionais eram as principais forças. Todos os governos ficaram obcecados pela economia. As faculdades e universidades prepararam os jovens para que se enquadrem no sistema econômico. As consequências desse paradigma econômico foram catastróficas para o ambiente. O planeta Terra está em apuros. Portanto, o século XXI tem de ser o século da ecologia. Os governos e a mídia, o *establishment* industrial e educacional estão começando a prestar atenção às florestas tropicais, à vida selvagem, à água e ao solo. Assim, precisamos de uma nova trindade para o século da ecologia. E deve ser uma trindade holística, que inclua as dimensões ecológica, espiritual e social. Portanto, ofereço uma nova trindade para nossos tempos: solo, alma e sociedade.

Em latim, solo é *humus*. Originadas dessa raiz, temos as palavras "humano" e "humildade". Quando digo que sou ser humano, significa que sou do solo, da terra. Portanto, nós, humanos, não somos superiores ao solo, pois somos feitos dele. O solo é genuinamente humilde; sempre permanece sob os pés, nunca acima da cabeça. Do mesmo modo como o solo é humilde, os humanos também devem sê-lo. Ao perdermos a humildade, perdemos nossa humanidade. Ser uno com a Natureza, com a Terra e com o solo é a qualidade primordial do ser humano.

A civilização urbana desconectou os humanos do húmus, do solo. A palavra "civilização" vem do termo "cívico", que está relacionado à cidade. Na Europa temos uma civilização que se desenvolveu em cidades, como Florença, Viena, Praga, Veneza, Paris, Roma e Londres. Em sânscrito, língua oficial da Índia antiga, não existe uma palavra para "civilização". O que temos é "cultura", que se desenvolveu nos campos e florestas. Grandes livros de filosofia, de poesia e de histórias foram escritos por sábios, poetas e filósofos que viviam nas florestas. A cultura indiana é uma cultura das florestas. Está arraigada ao solo. Na realidade, em anglo-saxão a palavra "cultura" significa "solo".

Desde o Renascimento e da Era do Iluminismo, desenvolvemos uma visão de mundo na qual os seres humanos são o apogeu da evolução. Nossa civilização urbana presume que a terra, os animais, oceanos, rios e florestas existem simplesmente para satisfazer as necessidades humanas; a Natureza está aqui para usufruto e benefício humanos. Quando observamos as culturas dos povos indígenas, baseadas no solo, ou as culturas taoísta, budista e hinduísta, descobrimos que as pessoas se consideravam parte do mundo natural, como qualquer outra espécie.

Assim como o racismo e o nacionalismo estreitam o pensamento, o mesmo ocorre com o especismo. Começamos a exigir privilégios e direitos especiais para os seres humanos, em detrimento das outras espécies. Para sermos holísticos e ecológicos, precisamos nos libertar do especismo.

Especismo é a ideia de que a espécie humana é a única consciente e viva; as demais não têm alma e, portanto, a humana é superior. Tal ideia nos estimula a acreditar que o solo não tem alma, que a Terra é uma rocha morta e a Natureza é inconsciente. Este é um erro fundamental da civilização urbana. As culturas tradicionais de todo o mundo acreditam que a Natureza está viva e que existe algo chamado espírito da Natureza. O solo tem alma.

Usamos o solo para plantar alimentos, fazer roupas e construir casas. Nesse processo, esgotamos o solo. Portanto, é nosso dever repor o solo, adubando-o ou deixando-o em pousio por um ano, ou até mais.

Solo é uma metáfora para todas as relações ambientais e naturais. Tudo vem do solo. As florestas, os alimentos, as casas, as roupas vêm do solo. Nossos corpos vêm do solo e retornam para o solo. O solo é a fonte da vida. Sete centímetros da camada superior do solo mantêm toda a vida. Se não houvesse solo ali, não haveria vida. Se protegêssemos o solo e tomássemos conta dele, todo o resto seria preservado por consequência. O solo proporciona o maior sequestro de carbono. O carbono é lindamente mantido no solo. No momento, o solo está desprovido de carbono, pois o cavamos, aramos e exploramos sem limite. Raramente repomos o carbono. Portanto, o solo está ficando sem vida. Se conseguirmos enriquecer o solo, adubando-o e tratando-o com delicadeza, sem cavá-lo demais, sem deixá-lo excessivamente exposto, poderemos recuperar o carbono e a fertilidade. Armazenar carbono no solo é uma forma maravilhosa de mitigar os efeitos da mudança climática. O solo pode até armazenar mais carbono que as árvores; esta é a beleza do solo.

No livro *Soil Not Oil* [Solo, não petróleo], Vandana Shiva explica as qualidades do solo e como ele é, literalmente, a base de toda a existência. Desde que nos tornamos dependentes do petróleo, nos esquecemos do solo. Hoje em dia, muitas coisas são feitas de petróleo. Roupas de náilon e poliéster são feitas de petróleo. Nosso alimento é produzido com petróleo. O transporte, o aquecimento, a iluminação e muitas outras coisas dependem do petróleo. Tornamo-nos não apenas dependentes, mas viciados em uma fonte finita. O que acontecerá quando o petróleo acabar? Entoamos o mantra óleo, óleo, óleo. Petróleo e carvão, todos os combustíveis fósseis, são energia escura; vêm do submundo. Precisamos mudar dessa energia infernal para a energia celestial – a energia solar, eólica e hídrica. Devemos valorizar o solo novamente. Se passarmos do petróleo para o solo, nós e o planeta Terra teremos vida longa.

Certa vez, fui visitar Lady Eve Balfour, fundadora da Soil Association [Associação do Solo] e autora de *The Living Soil* [O solo vivo].

Ela me levou para conhecer seu jardim. Era final de abril. O jardim estava repleto de flores e hortaliças desabrochando totalmente, enquanto outros jardins enfrentavam dificuldades naquela época do ano. "Qual o segredo deste jardim tão maravilhoso? O que a senhora faz?" Lady Eve respondeu: "Nada. Simplesmente cuido do solo. O solo se encarrega do resto".

O solo é o segredo. Segundo John Vidal, editor ambiental do jornal *The Guardian*, "como consequência direta da erosão do solo, possivelmente 30% do solo arável do mundo tornou-se improdutivo em apenas 40 anos, reduzindo drasticamente a vida das aves e dos animais. O solo é o mais precioso de todos os recursos; ainda assim, um país após o outro permite que seja removido e destruído".

A sociedade moderna não dá valor ao solo. Valoriza o petróleo, o dinheiro, a indústria, a infraestrutura. O solo não está em nenhuma agenda governamental. Note os discursos dos parlamentares e políticos – milhões de palavras, mas é raro aparecer a palavra "solo". Os primeiros-ministros e presidentes do mundo dificilmente falam de solo. Até mesmo os ministros da agricultura a ele pouco se referem. Nem mesmo os ministros do meio ambiente abordam a importância do solo. A mídia, as escolas, as universidades e os líderes empresariais quase nunca mencionam a palavra "solo". No entanto, precisamos falar sobre o solo. Devemos falar da importância da adubação. Devemos proteger a fertilidade do solo. Devemos aprender a amar o solo. O solo é a rainha de todo o mundo natural.

Analogamente, precisamos reabastecer a alma. Estamos sempre usando as qualidades da alma quando falamos, pensamos e sentimos. Sempre que ficamos ansiosos ou felizes, alegres ou temerosos, usamos a energia da alma. Dessa forma, devemos encontrar formas de reabastecer e curar a alma, a psique. É por isso que todas as tradições espirituais desenvolveram diversas técnicas para curar a alma.

A meditação é uma dessas técnicas. Meditação é um modo de vida em atenção plena. Significa estar atento, calmo, sereno, quieto, tranquilo e viver em equanimidade. Se estivermos conscientes do estado da mente, permaneceremos resilientes e firmes. Poderemos atravessar momentos difíceis com força interior. Desenvolveremos compaixão, bondade e generosidade. Essas qualidades trazem alegria, plenitude e felicidade à vida.

Na meditação, o mundo externo e o mundo interno se encontram. O solo e a alma se unem. O corpo e a mente, a matéria e o espírito se integram. O trabalho espiritual e o trabalho social caminham de mãos dadas. Alguns dizem: "Ah, sou ativista. Não tenho tempo para meditar, não tenho tempo para a prática espiritual. Quero apenas ser ativista". Ser ativista é bom, mas para sermos ativistas de fato, precisamos ser fortes internamente. Sem resiliência interna, o ativismo externo não poderá se sustentar por muito tempo e logo ficaremos esgotados. Quando pensamos em grandes ativistas, percebemos que também mantinham uma prática espiritual. Martin Luther King e Mahatma Gandhi são dois entre vários exemplos que associaram a espiritualidade ao ativismo político e social. Não importa o quão ocupado Gandhi estivesse, nunca deixava de meditar pela manhã e à noite. Martin Luther King nunca deixava suas orações de lado. Meditar, orar é dedicar tempo a si mesmo. Se não cuidarmos de nós, quem cuidará? Por que esperar que alguém tome conta de nós se nós mesmos nos negligenciamos?

Não há nada de egoísta em cuidar de si mesmo. Ao se alimentar, você se fortalece. Só depois disso você está pronto para alimentar os outros. Você costuma dizer: "Ah, não tenho tempo para almoçar, estou trabalhando para salvar o mundo"? Não. Salve o mundo, claro, mas salve-se primeiro. Se você está no avião e surge uma emergência, você precisa primeiro colocar a máscara de oxigênio em você e só depois ajudar a pessoa que está ao seu lado. Cuidar de si mesmo é um pré-requisito para cuidar dos outros. Os outros não são nada mais, nada menos que você mesmo. Cuidar de si mesmo não é ser egoísta.

Você é um microcosmo do macrocosmo. Todo o universo está dentro do seu "eu". Este é o pensamento da grande mente. *Anima mundi*. A alma do universo. A alma universal e a alma pessoal não estão separadas. Estão conectadas. A alma do universo é a suprema, a *anima* do indivíduo é a íntima. Se não cuidarmos da íntima, como poderemos cuidar da suprema? Portanto, a suprema e a íntima são dois aspectos de uma única realidade. É por isso que os ambientalistas e os pacifistas precisam ficar atentos ao seu bem-estar pessoal; precisam cuidar da alma.

O solo tem alma, a árvore tem alma. Existe alma em tudo. Esquecemo-nos desta verdade. Do mesmo modo que o solo é essencial à paisagem exterior, a alma é fundamental à paisagem interior. Thomas Moore, psicólogo norte-americano e autor do livro *Cuide de Sua Alma*, reforça que a alma humana é o solo de todas as atividades, imaginação e ideias. É somente ao cuidarmos da alma que nós, seres humanos, poderemos atingir a plenitude e a felicidade. Não poderemos atingir coisa alguma nesta vida se a alma estiver faminta.

Cuidar da alma é conhecer a si mesmo. Quem sou eu? Qual o significado da minha vida? Por que estou aqui no planeta Terra? Qual minha relação com o mundo, com meus amigos, com minha família e com meus colegas? Todas essas perguntas são questões da alma. Precisamos de tempo para fazer essas perguntas todos os dias. Necessitamos de tempo para contemplar e refletir. Precisamos de tempo para sermos nós mesmos. Tempo para nos relacionarmos com os outros. A alma anseia por relações corretas. O corpo é um veículo para a relação da alma. Abraçamos alguém com o corpo mas, na verdade, é a alma que abraça. Se não há alma, então não há amor, não há amizade. Nosso abraço torna-se vazio.

Precisamos alimentar nossa alma. Assim como nutrimos o corpo com arroz, hortaliças, pão e sopa, precisamos nutrir a alma com amizade, com amor e compaixão, com beleza e arte, com canções e pinturas, com imaginação e meditação, com silêncio e isolamento. Esses são os alimentos para a alma. Se não alimentarmos a alma, sofreremos. Por que há tantos casos de depressão, tantos problemas mentais, conflitos frequentes na relação marido-mulher, entre pais e filhos? Todas essas rupturas nos relacionamentos e esses transtornos mentais são consequência de não cuidarmos da alma. Cuidamos do corpo. Moramos em casas grandes, temos um ótimo salário, carros grandes, televisões e computadores a serviço do corpo, mas não temos tempo para a alma, não temos tempo para o amor, não temos tempo para meditar, não temos tempo para os filhos. Dedicamos tanta atenção e energia para adquirir coisas, que não temos tempo de ser nós mesmos.

Alimentamos o corpo três vezes por dia. Preocupamo-nos em providenciar roupas para o corpo. Trabalhamos arduamente horas a fio, todos os dias, para abrigar o corpo, mas passamos pouquíssimo tempo nutrindo e cuidando da alma. A alma busca a felicidade.

Atividades físicas, como dançar, caminhar, jardinar, cantar, cozinhar e fazer trabalhos manuais nos deixam felizes. É por meio das atividades do corpo que entramos em contato com a alma, portanto o corpo e a alma se apoiam na busca da felicidade.

Precisamos aprender a ser felizes com nós mesmos. Todos temos o direito à felicidade. Jamais devemos permitir que alguém nos roube a felicidade. Deixemos que roubem nosso dinheiro, nosso carro, nosso computador, mas não nossa felicidade, pois ela é fundamental à sustentabilidade pessoal, que é tão importante quanto a sustentabilidade ambiental. Se não formos sustentáveis na vida pessoal, como poderá haver sustentabilidade no mundo?

O bem-estar do solo e da alma deve se expandir para o bem-estar da sociedade. Isso só será possível quando organizarmos nossa sociedade nos princípios da dignidade humana, igualdade e justiça social. Como aceitar que algumas pessoas tenham oito ou 20 hectares de terra enquanto outras são totalmente destituídas? Na Austrália, alguns fazendeiros precisam percorrer suas terras de helicóptero, pois algumas propriedades podem ser tão grandes quanto o estado do Texas. Essa não é uma imposição que recebemos da Natureza. É uma imposição injusta criada por seres humanos. Nosso sistema social precisa basear-se na justiça, sustentabilidade e espiritualidade. Se vivermos em uma sociedade injusta, não será fácil praticar a espiritualidade na vida pessoal.

A palavra "espírito" vem de *spiritus* – "respiração." O cientista Richard Dawkins revelou-me certa vez: "Sr. Kumar, não acredito em espiritualidade".

Respondi: "Professor Dawkins, o senhor não acredita em respiração?".

E ele: "Como assim?".

Eu disse: "Espiritualidade significa respiração. O senhor e eu respiramos juntos. Isso é espiritualidade. Estamos compartilhando uma respiração juntos. Quando amamos alguém, quando estamos nos braços um do outro, respiramos juntos. Somos apenas um. Relacionamo-nos com o outro por meio da respiração".

A vida é sustentada pela respiração. No momento em que temos essa noção de respiração compartilhada, essa sensação de relação com o mundo, vivenciamos a espiritualidade. As grandes qualidades espirituais de compaixão, amor, generosidade e do servir são praticadas nas relações de amor.

É difícil haver espiritualidade em uma sociedade de massa ou num ambiente corporativo onde uma pessoa é uma engrenagem na máquina. Como podemos praticar a espiritualidade ou nos relacionar se mal conhecemos nossos vizinhos? Em grandes cidades como Paris, Nova York, Tóquio ou Mumbai, os vizinhos nunca se encontram... Como podem praticar a espiritualidade? Relações significativas requerem pequenas comunidades e a organização da sociedade em uma escala humana. Embora a prática da espiritualidade seja difícil nos grandes centros urbanos, ao desenvolvermos a noção de vizinhança, poderemos criar comunidades, cuidar uns dos outros e transcender a existência isolada e individualizada. As cidades precisam ser reprojetadas e reformadas para que se tornem uma rede de vizinhanças.

A sociedade em escala humana é um imperativo espiritual. Mahatma Gandhi defendia as economias de aldeias descentralizadas, locais e de pequena escala, pois em comunidades de pequena escala podemos cuidar uns dos outros. Podemos nos relacionar. Podemos respirar juntos.

Temos de criar um sistema social igualitário e justo. No momento, nossa sociedade não está planejada de modo natural. Veja o mundo natural, onde os animais, as aves e as florestas não enfrentam injustiça. Todos os animais – dos menores aos maiores, do mosquito e da minhoca ao elefante e ao leão – recebem diariamente alimento, água e abrigo dos sistemas naturais. Não é um sistema maravilhoso? Os animais não têm primeiro-ministro, chanceler, nem parlamento, nem prisões, nem tribunais, nem guerras. Trata-se de um sistema natural de auto-organização, autocorreção e autogestão. Um tigre na floresta e uma minhoca no solo convivem juntos. O tigre nunca fere a minhoca. Uma vez satisfeito, o tigre não caça nenhum animal. Ele dorme. Um cervo pode passar perto dele e o tigre não o machucará. O tigre só caça para se sustentar, não para armazenar comida na geladeira. Não há ganância na comunidade dos tigres.

Observe agora a sociedade humana; não foi desenvolvida para garantir que todos tenham acesso a alimento e abrigo. Milhões de pessoas vão dormir sem comida, sem abrigo e sem água, enquanto outras desperdiçam mantimentos e possuem mais roupas do que poderiam usar em toda a vida. Os ricos mantêm casas vazias enquanto os pobres não têm onde morar.

Desperdiçamos quase 40% da comida na Grã-Bretanha, de acordo com uma pesquisa do governo. No supermercado, o alimento com prazo de validade vencido é enviado a um aterro, gerando gases do efeito estufa. No entanto, os supermercados não dão esses produtos a quem tem fome, pois é ilegal. Esse é o nosso sistema jurídico – é permitido jogar comida fora, mas é ilegal alimentar quem tem fome! Nossa sociedade é muito parcial e injusta. A ordem econômica é mal planejada. Perpetua a desigualdade e a exploração dos fracos. Em uma visão holística para o século XXI, precisamos replanejar os sistemas econômico, social e político para que ninguém precise ficar obeso, ninguém precise passar fome, não haja desperdício de alimento e para que, quando este não for consumido, se torne compostagem e seja devolvido à terra. O desperdício deveria tornar-se ilegal.

A grande maldição da sociedade industrial moderna é o desperdício. Tiramos recursos preciosos da Natureza, extraindo-os de minas, campos e florestas e transformando-os em *commodities* que podem ser consumidas, usadas e despejadas em aterros. Temos uma economia linear, que não é a economia da Natureza. Temos de aprender com a Natureza. Temos de criar uma economia circular. Na Natureza, tudo é cíclico. Há um ciclo do tempo, há um ciclo da vida. Tudo na Natureza é redondo. O Sol é redondo, a Lua é redonda, a Terra é redonda, as árvores são arredondadas. Nossa cabeça é arredondada. A economia deveria ser cíclica também. Tudo o que tiramos da Natureza deveria ser usado e devolvido a ela de modo a ser facilmente reabsorvido. Desta forma, não há desperdício. Isso é bom senso, mas é uma pena que o bom senso deixou de ser algo comum!

O pensamento holístico une o solo, a alma e a sociedade como três aspectos de uma grande imagem. Essa é a nova trindade da nossa era. Quando focamos em um único tema, acreditamos que, se pelo menos o mundo atingisse a sustentabilidade ambiental, ou se pelo menos todos pudessem praticar a espiritualidade, ou se pelo menos pudéssemos estabelecer a justiça social no mundo, então tudo estaria em ordem. Porém, esse tipo de obsessão por um único tema não nos leva muito longe, pois é limitado demais. Todas as questões estão inter-relacionadas. A trindade solo, alma, sociedade encapsula a grande imagem.

Com essa trindade em bom equilíbrio, poderemos criar um futuro sustentável para toda a humanidade e para toda a Terra. Assim, a humanidade poderá sobreviver não por cem anos, não por mil anos, mas por milênios. Isso será possível se nós, humanos, caminharmos com leveza sobre a Terra e levarmos uma vida de simplicidade elegante no contexto de solo, alma e sociedade.

Não há nada melhor que a moderação.
A marca das pessoas moderadas é:
São tolerantes como o céu,
Firmes como uma montanha,
Flexíveis como uma árvore ao vento.
Não têm destino em vista
E aproveitam qualquer coisa
Que a vida coloque em seu caminho.

Lao Tsé

Sobre o autor

SATISH KUMAR é pacifista e ativista ambiental de longa data. Ex-monge, vem estabelecendo serenamente uma agenda global de mudança há mais de 50 anos. Mudou-se para o Reino Unido após uma peregrinação de quase 13.000 quilômetros pela paz e tornou-se editor da revista *Resurgence & Ecologist*, permanecendo no cargo de 1973 a 2016. Nesse período, fundou o Schumacher College, em Devon, escreveu vários livros e apresentou um documentário de sucesso – *Earth Pilgrim* [Peregrino da Terra]. Mora em Devon, Reino Unido.

Outros livros de Satish Kumar:
No Destination. Devon, UK: Green Books, 1992.
You Are Therefore I Am. Devon, UK: Green Books, 2002.
Bússola Espiritual. São Paulo: Pensamento, 2010.
Earth Pilgrim. Cambridge, UK: UIT Cambridge, 2009.
The Buddha and the Terrorist. Chapel Hill: Algonquin Book, 2006.
Solo, Alma, Sociedade. São Paulo: Palas Athena Editora, 2017.

Texto composto na fonte Heuristica. Impresso em papel Avena 80gr na Trust Gráfica.